# BIBLIOTHÈQUE
## PORTATIVE
## DU VOYAGEUR.

IMPRIMERIE DE C. L. F. PANCKOUCKE.

ŒUVRES
DE
J. B. POQUELIN
DE MOLIÈRE.

TOME SEPTIÈME.

PARIS,
CHEZ T. DESOER, LIBRAIRE, RUE POUPÉE, N°. 7.
A LIÉGE,
CHEZ J. F. DESOER, IMPRIMEUR-LIBRAIRE.

1815.

# LES FEMMES SAVANTES,

## COMÉDIE

### EN CINQ ACTES.

1672.

# PERSONNAGES.

CHRYSALE, bourgeois.
PHILAMINTE, femme de Chrysale.
ARMANDE, fille de Chrysale et de Philaminte.
HENRIETTE, fille de Chrysale et de Philaminte.
ARISTE, frère de Chrysale.
BÉLISE, sœur de Chrysale.
CLITANDRE, amant d'Henriette.
TRISSOTIN, bel-esprit.
VADIUS, savant.
MARTINE, servante.
LÉPINE, valet de Chrysale.
JULIEN, valet de Vadius.
UN NOTAIRE.

*La scène est à Paris, dans la maison de Chrysale.*

# LES FEMMES SAVANTES,

## COMÉDIE.

## ACTE PREMIER.

### SCÈNE I.

**ARMANDE, HENRIETTE.**

ARMANDE.

Quoi ! le beau nom de fille est un titre, ma sœur,
Dont vous voulez quitter la charmante douceur !
Et de vous marier vous osez faire fête !
Ce vulgaire dessein vous peut monter en tête !

HENRIETTE.

Oui, ma sœur.

ARMANDE.

Ah ! ce oui se peut-il supporter ?
Et sans un mal de cœur saurait-on l'écouter ?

HENRIETTE.

Qu'a donc le mariage en soi qui vous oblige,
Ma sœur...?

ARMANDE.

Ah! mon dieu! fi!

HENRIETTE.

Comment?

ARMANDE.

Ah! fi! vous dis-je.
Ne concevez-vous point ce que, dès qu'on l'entend,
Un tel mot à l'esprit offre de dégoûtant,
De quelle étrange image on est par lui blessée,
Sur quelle sale vue il traîne la pensée?
N'en frissonnez-vous point? et pouvez-vous, ma sœur,
Aux suites de ce mot résoudre votre cœur?

HENRIETTE.

Les suites de ce mot, quand je les envisage,
Me font voir un mari, des enfants, un ménage;
Et je ne vois rien là, si j'en puis raisonner,
Qui blesse la pensée et fasse frissonner.

ARMANDE.

De tels attachements, ô ciel! sont pour vous plaire!

HENRIETTE.

Et qu'est-ce qu'à mon âge on a de mieux à faire
Que d'attacher à soi, par le titre d'époux,
Un homme qui vous aime, et soit aimé de vous;
Et, de cette union de tendresse suivie,
Se faire les douceurs d'une innocente vie?
Ce nœud bien assorti n'a-t-il pas des appas?

ARMANDE.

Mon dieu ! que votre esprit est d'un étage bas !
Que vous jouez au monde un petit personnage,
De vous claquemurer aux choses du ménage,
Et de n'entrevoir point de plaisirs plus touchants
Qu'une idole d'époux et des marmots d'enfants !
Laissez aux gens grossiers, aux personnes vulgaires,
Les bas amusements de ces sortes d'affaires.
A de plus hauts objets élevez vos désirs,
Songez à prendre un goût des plus nobles plaisirs,
Et, traitant de mépris les sens et la matière,
A l'esprit, comme nous, donnez-vous tout entière.
Vous avez notre mère en exemple à vos yeux,
Que du nom de savante on honore en tous lieux ;
Tâchez, ainsi que moi, de vous montrer sa fille ;
Aspirez aux clartés qui sont dans la famille,
Et vous rendez sensible aux charmantes douceurs
Que l'amour de l'étude épanche dans les cœurs.
Loin d'être aux lois d'un homme en esclave asservie,
Mariez-vous, ma sœur, à la philosophie,
Qui nous monte au-dessus de tout le genre humain,
Et donne à la raison l'empire souverain,
Soumettant à ses lois la partie animale,
Dont l'appétit grossier aux bêtes nous ravale.
Ce sont là les beaux feux, les doux attachements
Qui doivent de la vie occuper les moments ;
Et les soins où je vois tant de femmes sensibles
Me paraissent aux yeux des pauvretés horribles.

HENRIETTE.

Le ciel, dont nous voyons que l'ordre est tout-
 puissant,

Pour différents emplois nous fabrique en naissant ;
Et tout esprit n'est pas composé d'une étoffe,
Qui se trouve taillée à faire un philosophe.
Si le vôtre est né propre aux élévations
Où montent des savants les spéculations,
Le mien est fait, ma sœur, pour aller terre à terre,
Et dans les petits soins son faible se resserre.
Ne troublons point du ciel les justes réglements ;
Et de nos deux instincts suivons les mouvements.
Habitez, par l'essor d'un grand et beau génie,
Les hautes régions de la philosophie ;
Tandis que mon-esprit, se tenant ici bas,
Goûtera de l'hymen les terrestres appas.
Ainsi, dans nos desseins l'une à l'autre contraire,
Nous saurons toutes deux imiter notre mère :
Vous, du côté de l'ame et des nobles désirs ;
Moi, du côté des sens et des grossiers plaisirs ;
Vous, aux productions d'esprit et de lumière ;
Moi, dans celles, ma sœur, qui sont de la matière.

ARMANDE.

Quand sur une personne on prétend se régler,
C'est par les beaux côtés qu'il lui faut ressembler ;
Et ce n'est point du tout la prendre pour modèle,
Ma sœur, que de tousser et de cracher comme elle.

HENRIETTE.

Mais vous ne seriez pas ce dont vous vous vantez,
Si ma mère n'eût eu que de ces beaux côtés ;
Et bien vous prend, ma sœur, que son noble génie
N'ait pas vaqué toujours à la philosophie.
De grâce, souffrez-moi, par un peu de bonté,

Des bassesses à qui vous devez la clarté ;
Et ne supprimez point, voulant qu'on vous seconde,
Quelque petit savant qui veut venir au monde.

ARMANDE.

Je vois que votre esprit ne peut être guéri
Du sot entêtement de vous faire un mari :
Mais sachons, s'il vous plaît, qui vous songez à
 prendre :
Votre visée au moins n'est pas mise à Clitandre.

HENRIETTE.

Et par quelle raison n'y serait-elle pas ?
Manque-t-il de mérite ? Est-ce un choix qui soit bas ?

ARMANDE.

Non : mais c'est un dessein qui serait malhonnête
Que de vouloir d'une autre enlever la conquête ;
Et ce n'est pas un fait dans le monde ignoré
Que Clitandre ait pour moi hautement soupiré.

HENRIETTE.

Oui : mais tous ces soupirs chez vous sont choses
 vaines,
Et vous ne tombez point aux bassesses humaines ;
Votre esprit à l'hymen renonce pour toujours,
Et la philosophie a toutes vos amours.
Ainsi, n'ayant au cœur nul dessein pour Clitandre,
Que vous importe-t-il qu'on y puisse prétendre ?

ARMANDE.

Cet empire que tient la raison sur les sens
Ne fait pas renoncer aux douceurs des encens ;
Et l'on peut pour époux refuser un mérite
Que pour adorateur on veut bien à sa suite.

### HENRIETTE.

Je n'ai pas empêché qu'à vos perfections
Il n'ait continué ses adorations ;
Et je n'ai fait que prendre, au refus de votre ame,
Ce qu'est venu m'offrir l'hommage de sa flamme.

### ARMANDE.

Mais à l'offre des vœux d'un amant dépité
Trouvez-vous, je vous prie, entière sûreté ?
Croyez-vous pour vos yeux sa passion bien forte,
Et qu'en son cœur pour moi toute flamme soit morte ?

### HENRIETTE.

Il me le dit, ma sœur ; et, pour moi, je le croi.

### ARMANDE.

Ne soyez pas, ma sœur, d'une si bonne foi ;
Et croyez, quand il dit qu'il me quitte et vous aime,
Qu'il n'y songe pas bien, et se trompe lui-même.

### HENRIETTE.

Je ne sais ; mais enfin, si c'est votre plaisir,
Il nous est bien aisé de nous en éclaircir :
Je l'aperçois qui vient ; et, sur cette matière,
Il pourra nous donner une pleine lumière.

## SCÈNE II.

### CLITANDRE, ARMANDE, HENRIETTE.

### HENRIETTE.

Pour me tirer d'un doute où me jette ma sœur,
Entre elle et moi, Clitandre, expliquez votre cœur,
Découvrez-en le fond, et nous daignez apprendre
Qui de nous à vos vœux est en droit de prétendre.

## ARMANDE.

Non, non, je ne veux point à votre passion
Imposer la rigueur d'une explication;
Je ménage les gens, et sais comme embarrasse
Le contraignant effort de ces aveux en face.

## CLITANDRE.

Non, madame, mon cœur, qui dissimule peu,
Ne sent nulle contrainte à faire un libre aveu.
Dans aucun embarras un tel pas ne me jette;
Et j'avouerai tout haut, d'une ame franche et nette,
Que les tendres liens où je suis arrêté,

*(montrant Henriette.)*

Mon amour et mes vœux, sont tous de ce côté.
Qu'à nulle émotion cet aveu ne vous porte;
Vous avez bien voulu les choses de la sorte.
Vos attraits m'avaient pris, et mes tendres soupirs
Vous ont assez prouvé l'ardeur de mes désirs;
Mon cœur vous consacrait une flamme immortelle;
Mais vos yeux n'ont pas cru leur conquête assez belle.
J'ai souffert sous leur joug cent mépris différens;
Ils régnaient sur mon ame en superbes tyrans;
Et je me suis cherché, lassé de tant de peines,
Des vainqueurs plus humains et de moins rudes
    chaînes. *(montrant Henriette.)*
Je les ai rencontrés, madame, dans ces yeux,
Et leurs traits à jamais me seront précieux;
D'un regard pitoyable ils ont séché mes larmes,
Et n'ont pas dédaigné le rebut de vos charmes.
De si rares bontés m'ont si bien su toucher,
Qu'il n'est rien qui me puisse à mes fers arracher:

Et j'ose maintenant vous conjurer, madame,
De ne vouloir tenter nul effort sur ma flamme,
De ne point essayer à rappeler un cœur
Résolu de mourir dans cette douce ardeur.

ARMANDE.

Hé! qui vous dit, monsieur, que l'on ait cette envie,
Et que de vous enfin si fort on se soucie?
Je vous trouve plaisant de vous le figurer,
Et bien impertinent de me le déclarer.

HENRIETTE.

Hé! doucement, ma sœur. Où donc est la morale
Qui sait si bien régir la partie animale,
Et retenir la bride aux efforts du courroux?

ARMANDE.

Mais vous, qui m'en parlez, où la pratiquez-vous,
De répondre à l'amour que l'on vous fait paraître
Sans le congé de ceux qui vous ont donné l'être?
Sachez que le devoir vous soumet à leurs lois;
Qu'il ne vous est permis d'aimer que par leur choix;
Qu'ils ont sur votre cœur l'autorité suprême,
Et qu'il est criminel d'en disposer vous-même.

HENRIETTE.

Je rends grâce aux bontés que vous me faites voir
De m'enseigner si bien les choses du devoir.
Mon cœur sur vos leçons veut régler sa conduite;
Et pour vous faire voir, ma sœur, que j'en profite,
Clitandre, prenez soin d'appuyer votre amour
De l'agrément de ceux dont j'ai reçu le jour.
Faites-vous sur mes vœux un pouvoir légitime,
Et me donnez moyen de vous aimer sans crime.

#### CLITANDRE.
J'y vais de tous mes soins travailler hautement ;
Et j'attendais de vous ce doux consentement.
#### ARMANDE.
Vous triomphez, ma sœur, et faites une mine
A vous imaginer que cela me chagrine.
#### HENRIETTE.
Moi, ma sœur ! point du tout. Je sais que sur vos sens
Les droits de la raison sont toujours tout-puissants,
Et que, par les leçons qu'on prend dans la sagesse,
Vous êtes au-dessus d'une telle faiblesse.
Loin de vous soupçonner d'aucun chagrin, je croi
Qu'ici vous daignerez vous employer pour moi,
Appuyer sa demande, et, de votre suffrage,
Presser l'heureux moment de notre mariage.
Je vous en sollicite ; et, pour y travailler...
#### ARMANDE.
Votre petit esprit se mêle de railler ;
Et d'un cœur qu'on vous jette on vous voit toute fière.
#### HENRIETTE.
Tout jeté qu'est ce cœur, il ne vous déplaît guère ;
Et si vos yeux sur moi le pouvaient ramasser,
Ils prendraient aisément le soin de se baisser.
#### ARMANDE.
A répondre à cela je ne daigne descendre ;
Et ce sont sots discours qu'il ne faut pas entendre.
#### HENRIETTE.
C'est fort bien fait à vous ; et vous nous faites voir
Des modérations qu'on ne peut concevoir.

## SCÈNE III.

### CLITANDRE, HENRIETTE.

HENRIETTE.
Votre sincère aveu ne l'a pas peu surprise.
CLITANDRE.
Elle mérite assez une telle franchise ;
Et toutes les hauteurs de sa folle fierté
Sont dignes, tout au moins, de ma sincérité.
Mais, puisqu'il m'est permis, je vais à votre père,
Madame...
HENRIETTE.
Le plus sûr est de gagner ma mère.
Mon père est d'une humeur à consentir à tout ;
Mais il met peu de poids aux choses qu'il résout ;
Il a reçu du ciel certaine bonté d'ame
Qui le soumet d'abord à ce que veut sa femme.
C'est elle qui gouverne ; et, d'un ton absolu,
Elle dicte pour loi ce qu'elle a résolu.
Je voudrais bien vous voir pour elle et pour ma tante
Une ame, je l'avoue, un peu plus complaisante,
Un esprit qui, flattant les visions du leur,
Vous pût de leur estime attirer la chaleur.
CLITANDRE.
Mon cœur n'a jamais pu, tant il est né sincère,
Même dans votre sœur, flatter leur caractère ;
Et les femmes docteurs ne sont point de mon goût.
Je consens qu'une femme ait des clartés de tout ;
Mais je ne lui veux point la passion choquante

De se rendre savante afin d'être savante ;
Et j'aime que souvent, aux questions qu'on fait,
Elle sache ignorer les choses qu'elle sait :
De son étude enfin je veux qu'elle se cache,
Et qu'elle ait du savoir sans vouloir qu'on le sache,
Sans citer les auteurs, sans dire de grands mots,
Et clouer de l'esprit à ses moindres propos.
Je respecte beaucoup madame votre mère ;
Mais je ne puis du tout approuver sa chimère,
Et me rendre l'écho des choses qu'elle dit,
Aux encens qu'elle donne à son héros d'esprit.
Son monsieur Trissotin me chagrine, m'assomme ;
Et j'enrage de voir qu'elle estime un tel homme ;
Qu'elle nous mette au rang des grands et beaux
    esprits
Un benêt dont partout on siffle les écrits,
Un pédant dont on voit la plume libérale
D'officieux papiers fournir toute la halle.

        HENRIETTE.
Ses écrits, ses discours, tout m'en semble ennuyeux,
Et je me trouve assez votre goût et vos yeux.
Mais, comme sur ma mère il a grande puissance,
Vous devez vous forcer à quelque complaisance.
Un amant fait sa cour où s'attache son cœur ;
Il veut de tout le monde y gagner la faveur ;
Et, pour n'avoir personne à sa flamme contraire,
Jusqu'au chien du logis il s'efforce de plaire.

        CLITANDRE.
Oui, vous avez raison ; mais monsieur Trissotin
M'inspire au fond de l'ame un dominant chagrin,

2.

Je ne puis consentir, pour gagner ses suffrages,
A me déshonorer en prisant ses ouvrages;
C'est par eux qu'à mes yeux il a d'abord paru,
Et je le connaissais avant que l'avoir vu.
Je vis, dans le fatras des écrits qu'il nous donne,
Ce qu'étale en tous lieux sa pédante personne,
La constante hauteur de sa présomption,
Cette intrépidité de bonne opinion,
Cet indolent état de confiance extrême
Qui le rend en tout temps si content de soi-même,
Qui fait qu'à son mérite incessamment il rit,
Qu'il se sait si bon gré de tout ce qu'il écrit,
Et qu'il ne voudrait pas changer sa renommée
Contre tous les honneurs d'un général d'armée.

HENRIETTE.
C'est avoir de bons yeux que de voir tout cela.

CLITANDRE.
Jusques à sa figure encor la chose alla,
Et je vis, par les vers qu'à la tête il nous jette,
De quel air il fallait que fût fait le poète;
Et j'en avais si bien deviné tous les traits,
Que, rencontrant un homme un jour dans le palais,
Je gageai que c'était Trissotin en personne,
Et je vis qu'en effet la gageure était bonne.

HENRIETTE.
Quel conte!

CLITANDRE.
Non, je dis la chose comme elle est.
Mais je vois votre tante : agréez, s'il vous plaît,

Que mon cœur lui déclare ici notre mystère,
Et gagne sa faveur auprès de votre mère.

## SCÈNE IV.
### BÉLISE, CLITANDRE.

#### CLITANDRE.

Souffrez, pour vous parler, madame, qu'un amant
Prenne l'occasion de cet heureux moment,
Et se découvre à vous de la sincère flamme...

#### BÉLISE.

Ah ! tout beau. Gardez-vous de m'ouvrir trop votre
    ame.
Si je vous ai su mettre au rang de mes amants,
Contentez-vous des yeux pour vos seuls truchements;
Et ne m'expliquez point par un autre langage
Des désirs qui, chez moi, passent pour un outrage.
Aimez-moi, soupirez, brûlez pour mes appas;
Mais qu'il me soit permis de ne le savoir pas.
Je puis fermer les yeux sur vos flammes secrètes,
Tant que vous vous tiendrez aux muets interprètes;
Mais si la bouche vient à s'en vouloir mêler,
Pour jamais de ma vue il vous faut exiler.

#### CLITANDRE.

Des projets de mon cœur ne prenez point d'alarme.
Henriette, madame, est l'objet qui me charme;
Et je viens ardemment conjurer vos bontés
De seconder l'amour que j'ai pour ses beautés.

#### BÉLISE.

Ah ! certes, le détour est d'esprit, je l'avoue.

Ce subtil faux-fuyant mérite qu'on le loue:
Et, dans tous les romans où j'ai jeté les yeux,
Je n'ai rien rencontré de plus ingénieux.

CLITANDRE.

Ceci n'est point du tout un trait d'esprit, madame;
Et c'est un pur aveu de ce que j'ai dans l'ame.
Les cieux, par les liens d'une immuable ardeur,
Aux beautés d'Henriette ont attaché mon cœur;
Henriette me tient sous son aimable empire,
Et l'hymen d'Henriette est le bien où j'aspire.
Vous y pouvez beaucoup; et tout ce que je veux,
C'est que vous y daigniez favoriser mes vœux.

BÉLISE.

Je vois où doucement veut aller la demande,
Et je sais sous ce nom ce qu'il faut que j'entende.
La figure est adroite; et, pour n'en point sortir,
Aux choses que mon cœur m'offre à vous repartir,
Je dirai qu'Henriette à l'hymen est rebelle,
Et que, sans rien prétendre, il faut brûler pour elle.

CLITANDRE.

Hé! madame, à quoi bon un pareil embarras?
Et pourquoi voulez-vous penser ce qui n'est pas?

BÉLISE.

Mon dieu! point de façons. Cessez de vous défendre
De ce que vos regards m'ont souvent fait entendre.
Il suffit que l'on est contente du détour.
Dont s'est adroitement avisé votre amour,
Et que, sous la figure où le respect l'engage,
On veut bien se résoudre à souffrir son hommage,
Pourvu que ses transports, par l'honneur éclairés,

## ACTE I, SCÈNE V.

N'offrent à mes autels que des vœux épurés.

Mais....

### CLITANDRE.

### BÉLISE.

Adieu. Pour ce coup, ceci doit vous suffire;
Et je vous ai plus dit que je ne voulais dire.

### CLITANDRE.

Mais votre erreur...

### BÉLISE.

Laissez. Je rougis maintenant;
Et ma pudeur s'est fait un effort surprenant.

### CLITANDRE.

Je veux être pendu, si je vous aime; et sage...

### BÉLISE.

Non, non, je ne veux rien entendre davantage.

## SCÈNE V.

### CLITANDRE, seul.

Diantre soit de la folle avec ses visions !
A-t-on rien vu d'égal à ses préventions ?
Allons commettre un autre au soin que l'on me donne,
Et prenons le secours d'une sage personne.

**FIN DU PREMIER ACTE.**

## ACTE SECOND.

### SCÈNE I.

ARISTE, *quittant Clitandre, et lui parlant encore.*

Oui, je vous porterai la réponse au plutôt;
J'appuierai, presserai, ferai tout ce qu'il faut.
Qu'un amant pour un mot a de choses à dire!
Et qu'impatiemment il veut ce qu'il désire!
Jamais..

### SCÈNE II.

CHRYSALE, ARISTE.

ARISTE.
Ah! Dieu vous gard', mon frère!

CHRYSALE.
Et vous aussi,
Mon frère!

ARISTE.
Savez-vous ce qui m'amène ici?

CHRYSALE.
Non; mais, si vous voulez, je suis prêt à l'apprendre.

ARISTE.
Depuis assez long-temps vous connaissez Clitandre?

CHRYSALE.
Sans doute, et je le vois qui fréquente chez nous.

#### ARISTE.
En quelle estime est-il, mon frère, auprès de vous ?
#### CHRYSALE.
D'homme d'honneur, d'esprit, de cœur et de conduite ;
Et je vois peu de gens qui soient de son mérite.
#### ARISTE.
Certain désir qu'il a conduit ici mes pas ;
Et je me réjouis que vous en fassiez cas.
#### CHRYSALE.
Je connus feu son père en mon voyage à Rome.
#### ARISTE.
Fort bien.
#### CHRYSALE.
C'était, mon frère, un fort bon gentilhomme.
#### ARISTE.
On le dit.
#### CHRYSALE.
Nous n'avions alors que vingt-huit ans,
Et nous étions, ma foi, tous deux de verts galants.
#### ARISTE.
Je le crois.
#### CHRYSALE.
Nous donnions chez les dames romaines ;
Et tout le monde, là, parlait de nos fredaines ;
Nous faisions des jaloux.
#### ARISTE.
Voilà qui va des mieux.
Mais venons au sujet qui m'amène en ces lieux.

## SCÈNE III.

**BÉLISE**, *entrant doucement, et écoutant;*
**CHRYSALE, ARISTE.**

ARISTE.

Clitandre auprès de vous me fait son interprète,
Et son cœur est épris des grâces d'Henriette.

CHRYSALE.

Quoi! de ma fille!

ARISTE.

Oui: Clitandre en est charmé;
Et je ne vis jamais amant plus enflammé.

BÉLISE, *à Ariste.*

Non, non, je vous entends. Vous ignorez l'histoire;
Et l'affaire n'est pas ce que vous pouvez croire.

ARISTE.

Comment, ma sœur?

BÉLISE.

Clitandre abuse vos esprits.
Et c'est d'un autre objet que son cœur est épris.

ARISTE.

Vous raillez. Ce n'est pas Henriette qu'il aime?

BÉLISE.

Non, j'en suis assurée.

ARISTE.

Il me l'a dit lui-même.

BÉLISE.

Hé, oui!

ARISTE.
Vous me voyez, ma sœur, chargé par lui
D'en faire la demande à son père aujourd'hui.
BÉLISE.
Fort bien!
ARISTE.
Et son amour même m'a fait instance
De presser les moments d'une telle alliance.
BÉLISE.
Encor mieux. On ne peut tromper plus galamment.
Henriette, entre nous, est un amusement,
Un voile ingénieux, un prétexte, mon frère,
A couvrir d'autres feux dont je sais le mystère;
Et je veux bien tous deux vous mettre hors d'erreur.
ARISTE.
Mais, puisque vous savez tant de choses, ma sœur,
Dites-nous, s'il vous plaît, cet autre objet qu'il aime.
BÉLISE.
Vous le voulez savoir?
ARISTE.
Oui. Quoi?
BÉLISE.
Moi.
ARISTE.
Vous?
BÉLISE.
Moi-même.
ARISTE.
Hai, ma sœur!

### BÉLISE.
Qu'est-ce donc que veut dire ce hai?
Et qu'a de surprenant le discours que je fai?
On est faite d'un air, je pense, à pouvoir dire
Qu'on n'a pas pour un cœur soumis à son empire;
Et Dorante, Damis, Cléonte et Lycidas,
Peuvent bien faire voir qu'on a quelques appas.

### ARISTE.
Ces gens vous aiment?

### BÉLISE.
Oui, de toute leur puissance.

### ARISTE.
Ils vous l'on dit?

### BÉLISE.
Aucun n'a pris cette licence;
Ils m'ont su révérer si fort jusqu'à ce jour,
Qu'ils ne m'ont jamais dit un mot de leur amour;
Mais, pour m'offrir leur cœur et vouer leur service,
Les muets truchements ont tous fait leur office.

### ARISTE.
On ne voit presque point céans venir Damis.

### BÉLISE.
C'est pour me faire voir un respect plus soumis.

### ARISTE.
De mots piquants par-tout Dorante vous outrage.

### BÉLISE.
Ce sont emportements d'une jalouse rage.

### ARISTE.
Cléonte et Lycidas ont pris femme tous deux.

## ACTE IV, SCÈNE IV.

BÉLISE.
C'est par un désespoir où j'ai réduit leurs feux.
ARISTE.
Ma foi, ma chère sœur, vision toute claire.
CHRYSALE, *à Bélise.*
De ces chimères-là vous devez vous défaire.
BÉLISE.
Ah! chimères! Ce sont des chimères, dit-on.
Chimères, moi! Vraiment, chimères est fort bon;
Je me réjouis fort de chimères, mes frères;
Et je ne savais pas que j'eusse des chimères.

## SCÈNE IV.

### CHRYSALE, ARISTE.

CHRYSALE.
Notre sœur est folle, oui.
ARISTE.
Cela croît tous les jours.
Mais, encore une fois, reprenons le discours.
Clitandre vous demande Henriette pour femme;
Voyez quelle réponse on doit faire à sa flamme.
CHRYSALE.
Faut-il le demander? j'y consens de bon cœur,
Et tiens son alliance à singulier honneur.
ARISTE.
Vous savez que de biens il n'a pas l'abondance,
Que...
CHRYSALE.
C'est un intérêt qui n'est pas d'importance;

Il est riche en vertus, cela vaut des trésors :
Et puis, son père et moi n'étions qu'un en deux corps.
### ARISTE.
Parlons à votre femme, et voyons à la rendre
Favorable...
### CHRYSALE.
Il suffit, je l'accepte pour gendre.
### ARISTE.
Oui ; mais pour appuyer votre consentement,
Mon frère, il n'est pas mal d'avoir son agrément.
Allons...
### CHRYSALE.
Vous moquez-vous ? Il n'est pas nécessaire.
Je réponds de ma femme, et prends sur moi l'affaire.
### ARISTE.
Mais...
### CHRYSALE.
Laissez faire, dis-je, et n'appréhendez pas.
Je la vais disposer aux choses, de ce pas.
### ARISTE.
Soit. Je vais là-dessus sonder votre Henriette,
Et reviendrai savoir...
### CHRYSALE.
C'est une affaire faite ;
Et je vais à ma femme en parler sans délai.

## SCÈNE V.

### CHRYSALE, MARTINE.

MARTINE.
Me voilà bien chanceuse! Hélas! l'an dit bien vrai,
Qui veut noyer son chien l'accuse de la rage;
Et service d'autrui n'est pas un héritage.

CHRYSALE.
Qu'est-ce donc? Qu'avez-vous, Martine?

MARTINE.
Ce que j'ai?

CHRYSALE.
Oui.

MARTINE.
J'ai que l'an me donne aujourd'hui mon congé,
Monsieur.

CHRYSALE.
Votre congé?

MARTINE.
Oui. Madame me chasse.

CHRYSALE.
Je n'entends pas cela. Comment?

MARTINE.
On me menace,
Si je ne sors d'ici, de me bailler cent coups.

CHRYSALE.
Non, vous demeurerez; je suis content de vous.
Ma femme bien souvent a la tête un peu chaude;
Et je ne veux pas, moi...

## SCÈNE VI.

PHILAMINTE, BÉLISE, CHRYSALE, MARTINE.

PHILAMINTE, *apercevant Martine.*
    Quoi! je vous vois, maraude!
Vite, sortez, fripponne; allons, quittez ces lieux;
Et ne vous présentez jamais devant mes yeux.
  CHRYSALE.
Tout doux.
  PHILAMINTE.
  Non, c'en est fait.
  CHRYSALE.
    Hé!
  PHILAMINTE.
    Je veux qu'elle sorte.
  CHRYSALE.
Mais qu'a-t-elle commis, pour vouloir de la sorte...
  PHILAMINTE.
Quoi! vous la soutenez?
  CHRYSALE.
    En aucune façon.
  PHILAMINTE.
Prenez-vous son parti contre moi?
  CHRYSALE.
    Mon dieu! non:
Je ne fais seulement que demander son crime.
  PHILAMINTE.
Suis-je pour la chasser sans cause légitime?

## ACTE II, SCÈNE VI.

CHRYSALE.
Je ne dis pas cela; mais il faut de nos gens...

PHILAMINTE.
Non, elle sortira, vous dis-je, de céans.

CHRYSALE.
Hé bien ! oui. Vous dit-on quelque chose là contre ?

PHILAMINTE.
Je ne veux point d'obstacle aux désirs que je montre.

CHRYSALE.
D'accord.

PHILAMINTE.
Et vous devez, en raisonnable époux,
Être pour moi contre elle, et prendre mon courroux.

CHRYSALE.
(*se tournant vers Martine.*)
Aussi fais-je. Oui, ma femme avec raison vous chasse,
Coquine ; et votre crime est indigne de grâce.

MARTINE.
Qu'est-ce donc que j'ai fait ?

CHRYSALE, *bas.*
Ma foi, je ne sais pas.

PHILAMINTE.
Elle est d'humeur encore à n'en faire aucun cas.

CHRYSALE.
A-t-elle, pour donner matière à votre haine,
Cassé quelque miroir, ou quelque porcelaine ?

PHILAMINTE.
Voudrais-je la chasser, et vous figurez-vous
Que pour si peu de chose on se mette en courroux ?

CHRYSALE, *à Martine.*
(*à Philaminte.*)
Qu'est-ce à dire ? L'affaire est donc considérable ?
PHILAMINTE.
Sans doute. Me voit-on femme déraisonnable ?
CHRYSALE.
Est-ce qu'elle a laissé, d'un esprit négligent,
Dérober quelque aiguière ou quelque plat d'argent ?
PHILAMINTE.
Cela ne serait rien.
CHRYSALE, *à Martine.*
Oh ! oh ! Peste, la belle !
(*à Philaminte.*)
Quoi ! l'avez-vous surprise à n'être pas fidèle ?
PHILAMINTE.
C'est pis que tout cela.
CHRYSALE.
Pis que tout cela ?
PHILAMINTE.
Pis.
CHRYSALE, *à Martine.*
(*à Philaminte.*)
Comment ! diantre, fripponne ! Euh ! a-t-elle commis...
PHILAMINTE.
Elle a, d'une insolence à nulle autre pareille,
Après trente leçons, insulté mon oreille
Par l'impropriété d'un mot sauvage et bas
Qu'en termes décisifs condamne Vaugelas.

## ACTE II, SCÈNE VI.

CHRYSALE.

Est-ce la...

PHILAMINTE.

Quoi ! toujours, malgré nos remontrances,
Heurter le fondement de toutes les sciences,
La grammaire, qui sait régenter jusqu'aux rois,
Et les fait, la main haute, obéir à ses lois !

CHRYSALE.

Du plus grand des forfaits je la croyais coupable.

PHILAMINTE.

Quoi ! vous ne trouvez pas ce crime impardonnable ?

CHRYSALE.

Si fait.

PHILAMINTE.

Je voudrais bien que vous l'excusassiez !

CHRYSALE.

Je n'ai garde.

BÉLISE.

Il est vrai que ce sont des pitiés :
Toute construction est par elle détruite ;
Et des lois du langage on l'a cent fois instruite.

MARTINE.

Tout ce que vous prêchez est, je crois, bel et bon ;
Mais je ne saurais, moi, parler votre jargon.

PHILAMINTE.

L'impudente ! Appeler un jargon le langage
Fondé sur la raison et sur le bel usage !

MARTINE.

Quand on se fait entendre, on parle toujours bien,
Et tous vos biaux dictons ne servent pas de rien.

PHILAMINTE.
Hé bien ! ne voilà pas encore de son style ?
*Ne servent pas de rien !*

BÉLISE.
                    O cervelle indocile !
Faut-il qu'avec les soins qu'on prend incessamment
On ne te puisse apprendre à parler congrument !
De *pas* mis avec *rien* tu fais la récidive ;
Et c'est, comme on t'a dit, trop d'une négative.

MARTINE.
Mon dieu ! je n'avons pas étugué comme vous,
Et je parlons tout droit comme on parle cheux nous.

PHILAMINTE.
Ah ! peut-on y tenir ?

BÉLISE.
                    Quel solécisme horrible !

PHILAMINTE.
En voilà pour tuer une oreille sensible.

BÉLISE.
Ton esprit, je l'avoue, est bien matériel :
*Je* n'est qu'un singulier, *avons* est un pluriel.
Veux-tu toute ta vie offenser la grammaire ?

MARTINE.
Qui parle d'offenser grand'mère ni grand'père ?

PHILAMINTE.
O ciel !

BÉLISE.
        Grammaire est prise à contre-sens par toi ;
Et je t'ai dit déjà d'où vient ce mot.

MARTINE.
                    Ma foi !
Qu'il vienne de Chaillot, d'Auteuil, ou de Pontoise,
Cela ne me fait rien.
          BÉLISE.
              Quelle âme villageoise !
La grammaire, du verbe et du nominatif,
Comme de l'adjectif avec le substantif,
Nous enseigne les lois.
          MARTINE.
                J'ai, madame, à vous dire,
Que je ne connais point ces gens-là.
          PHILAMINTE.
                              Quel martyre !
          BÉLISE.
Ce sont les noms des mots ; et l'on doit regarder,
En quoi c'est qu'il les faut faire ensemble accorder.
          MARTINE.
Qu'ils s'accordent entre eux, ou se gourment,
   qu'importe ?
          PHILAMINTE, *à Bélise.*
Hé ! mon dieu, finissez un discours de la sorte.
   (*à Chrysale.*)
Vous ne voulez pas, vous, me la faire sortir ?
          CHRYSALE.
        (*à part*)
Si fait. A son caprice il me faut consentir.
Va, ne l'irrite point ; retire-toi, Martine.
          PHILAMINTE.
Comment ! vous avez peur d'offenser la coquine !

Vous lui parlez d'un ton tout-à-fait obligeant!
### CHRYSALE.
(*d'un ton ferme.*) (*d'un ton plus doux.*)
Moi? point. Allons, sortez. Va-t'en, ma pauvre enfant.

## SCÈNE VII.
### PHILAMINTE, CHRYSALE, BÉLISE.
#### CHRYSALE.
Vous êtes satisfaite, et la voilà partie:
Mais je n'approuve point une telle sortie ;
C'est une fille propre aux choses qu'elle fait,
Et vous me la chassez pour un maigre sujet.
#### PHILAMINTE.
Vous voulez que toujours je l'aie à mon service,
Pour mettre incessamment mon oreille au supplice,
Pour rompre toute loi d'usage et de raison
Par un barbare amas de vices d'oraison,
De mots estropiés, cousus, par intervalles,
De proverbes traînés dans les ruisseaux des halles?
#### BÉLISE.
Il est vrai que l'on sue à souffrir ses discours,
Elle y met Vaugelas en pièces tous les jours :
Et les moindres défauts de ce grossier génie
Sont ou le pléonasme, ou la cacophonie.
#### CHRYSALE.
Qu'importe qu'elle manque aux lois de Vaugelas,
Pourvu qu'à la cuisine elle ne manque pas ?
J'aime bien mieux, pour moi, qu'en épluchant ses
 herbes

## ACTE II, SCÈNE VII.

Elle accommode mal les noms avec les verbes,
Et redise cent fois un bas ou méchant mot,
Que de brûler ma viande, ou saler trop mon pot :
Je vis de bonne soupe, et non de beau langage.
Vaugelas n'apprend point à bien faire un potage ;
Et Malherbe et Balzac, si savants en beaux mots,
En cuisine peut-être auraient été des sots.

### PHILAMINTE.

Que ce discours grossier terriblement assomme !
Et quelle indignité, pour ce qui s'appelle homme,
D'être baissé sans cesse aux soins matériels,
Au lieu de se hausser vers les spirituels !
Le corps, cette guenille, est-il d'une importance,
D'un prix à mériter seulement qu'on y pense ?
Et ne devons-nous pas laisser cela bien loin ?

### CHRYSALE.

Oui, mon corps est moi-même, et j'en veux prendre soin.
Guenille, si l'on veut ; ma guenille m'est chère.

### BÉLISE.

Le corps avec l'esprit fait figure, mon frère :
Mais, si vous en croyez tout le monde savant,
L'esprit doit sur le corps prendre le pas devant ;
Et notre plus grand soin, notre première instance,
Doit être à le nourrir du suc de la science.

### CHRYSALE.

Ma foi, si vous songez à nourrir votre esprit,
C'est de viande bien creuse, à ce que chacun dit ;
Et vous n'avez nulle soin, nulle sollicitude,
Pour...

PHILAMINTE.
Ah ! *Sollicitude* à mon oreille est rude ;
Il pue étrangement son ancienneté.

BÉLISE.
Il est vrai que le mot est bien *collet monté*.

CHRYSALE.
Voulez-vous que je dise ? Il faut qu'enfin j'éclate,
Que je lève le masque et décharge ma rate.
De folles on vous traite, et j'ai fort sur le cœur...

PHILAMINTE.
Comment donc !

CHRYSALE, *à Bélise*.
C'est à vous que je parle, ma sœur,
Le moindre solécisme en parlant vous irrite ;
Mais vous en faites, vous, d'étranges en conduite.
Vos livres éternels ne me contentent pas ;
Et, hors un gros Plutarque à mettre mes rabats,
Vous devriez brûler tout ce meuble inutile,
Et laisser la science aux docteurs de la ville ;
M'ôter, pour faire bien, du grenier de céans
Cette longue lunette à faire peur aux gens,
Et cent brimborions dont l'aspect importune ;
Ne point aller chercher ce qu'on fait dans la lune,
Et vous mêler un peu de ce qu'on fait chez vous,
Où nous voyons aller tout sens-dessus-dessous.
Il n'est pas bien honnête, et pour beaucoup de causes,
Qu'une femme étudie et sache tant de choses.
Former aux bonnes mœurs l'esprit de ses enfants,
Faire aller son ménage, avoir l'œil sur ses gens,
Et régler la dépense avec économie,

## ACTE II, SCÈNE VII.

Doit être son étude et sa philosophie.
Nos pères, sur ce point, étaient gens bien sensés,
Qui disaient qu'une femme en sait toujours assez,
Quand la capacité de son esprit se hausse
A connaître un pourpoint d'avec un haut-de-chausse.
Les leurs ne lisaient point : mais elles vivaient bien ;
Leurs ménages étaient tout leur docte entretien ;
Et leurs livres, un dé, du fil, et des aiguilles,
Dont elles travaillaient au trousseau de leurs filles.
Les femmes d'à-présent sont bien loin de ces mœurs :
Elles veulent écrire, et devenir auteurs ;
Nulle science n'est pour elles trop profonde,
Et céans beaucoup plus qu'en aucun lieu du monde ;
Les secrets les plus hauts s'y laissent concevoir,
Et l'on sait tout chez moi, hors ce qu'il faut savoir.
On y sait comme vont lune, étoile polaire,
Vénus, Saturne, et Mars, dont je n'ai point affaire ;
Et dans ce vain savoir, qu'on va chercher si loin,
On ne sait comme va mon pot, dont j'ai besoin.
Mes gens à la science aspirent pour vous plaire,
Et tous ne font rien moins que ce qu'ils ont à faire ;
Raisonner est l'emploi de toute ma maison ;
Et le raisonnement en bannit la raison.
L'un me brûle mon rôt en lisant quelque histoire,
L'autre rêve à des vers quand je demande à boire ;
Enfin, je vois par eux votre exemple suivi ;
Et j'ai des serviteurs, et ne suis point servi.
Une pauvre servante, au moins, m'était restée,
Qui de ce mauvais air n'était point infectée ;
Et voilà qu'on la chasse avec un grand fracas,

A cause qu'elle manque à parler Vaugelas !
Je vous le dis, ma sœur, tout ce train-là me blesse :
Car c'est, comme j'ai dit, à vous que je m'adresse.
Je n'aime point céans tous vos gens à latin,
Et principalement ce monsieur Trissotin :
C'est lui, qui dans des vers, vous a tympanisées ;
Tous les propos qu'il tient sont des billevesées :
On cherche ce qu'il dit après qu'il a parlé ;
Et je lui crois, pour moi, le timbre un peu fêlé.

PHILAMINTE.

Quelle bassesse, ô ciel ! et d'ame et de langage !

BÉLISE.

Est-il de petits corps un plus lourd assemblage,
Un esprit composé d'atomes plus bourgeois ?
Et de ce même sang se peut-il que je sois !
Je me veux mal de mort d'être de votre race ;
Et, de confusion, j'abandonne la place.

## SCÈNE VIII.

### PHILAMINTE, CHRYSALE.

PHILAMINTE.

Avez-vous à lâcher encore quelque trait ?

CHRYSALE.

Moi ? non. Ne parlons plus de querelles, c'est fait.
Discourons d'autre affaire. A votre fille aînée
On voit quelques dégoûts pour les nœuds d'hyménée,
C'est une philosophe enfin ; je n'en dis rien,
Elle est bien gouvernée, et vous faites fort bien.
Mais de tout autre humeur se trouve sa cadette ;

Et je crois qu'il est bon de pourvoir Henriette,
De choisir un mari...

PHILAMINTE.

C'est à quoi j'ai songé.
Et je veux vous ouvrir l'intention que j'ai.
Ce monsieur Trissotin dont on nous fait un crime,
Et qui n'a pas l'honneur d'être dans votre estime,
Est celui que je prends pour l'époux qu'il lui faut ;
Et je sais mieux que vous juger de ce qu'il vaut.
La contestation est ici superflue ;
Et de tout point, chez moi, l'affaire est résolue.
Au moins ne dites mot du choix de cet époux ;
Je veux à votre fille en parler avant vous.
J'ai des raisons à faire approuver ma conduite ;
Et je connaîtrai bien si vous l'aurez instruite.

## SCÈNE IX.

### ARISTE, CHRYSALE.

ARISTE.

Hé bien ? la femme sort, mon frère, et je vois bien
Que vous venez d'avoir ensemble un entretien.

CHRYSALE.

Oui.

ARISTE.

Quel est le succès ? Aurons-nous Henriette ?
A-t-elle consenti ? L'affaire est-elle faite ?

CHRYSALE.

Pas tout-à-fait encor.

ARISTE.
Refuse-t-elle ?

CHRYSALE.
Non.

ARISTE.
Est-ce qu'elle balance ?

CHRYSALE.
En aucune façon.

ARISTE.
Quoi donc ?

CHRYSALE.
C'est que pour gendre elle m'offre un autre homme.

ARISTE.
Un autre homme pour gendre ?

CHRYSALE.
Un autre.

ARISTE.
Qui se nomme !

CHRYSALE.
Monsieur Trissotin.

ARISTE.
Quoi ! ce monsieur Trissotin.

CHRYSALE.
Oui, qui parle toujours de vers et de latin.

ARISTE.
Vous l'avez accepté ?

CHRYSALE.
Moi ! point. A Dieu ne plaise !

## ACTE II, SCÈNE IX.

ARISTE.

Qu'avez-vous répondu ?

CHRYSALE.

Rien ; et je suis bien aise
De n'avoir point parlé, pour ne m'engager pas.

ARISTE.

La raison est fort belle ; et c'est faire un grand pas !
Avez-vous su du moins lui proposer Clitandre ?

CHRYSALE.

Non ; car comme j'ai vu qu'on parlait d'autre gendre,
J'ai cru qu'il était mieux de ne m'avancer point.

ARISTE.

Certes, votre prudence est rare au dernier point !
N'avez-vous point de honte, avec votre mollesse ?
Et se peut-il qu'un homme ait assez de faiblesse
Pour laisser à sa femme un pouvoir absolu,
Et n'oser attaquer ce qu'elle a résolu ?

CHRYSALE.

Mon dieu ! vous en parlez, mon frère, bien à l'aise,
Et vous ne savez pas comme le bruit me pèse :
J'aime fort le repos, la paix et la douceur ;
Et ma femme est terrible avecque son humeur.
Du nom de philosophe elle fait grand mystère,
Mais elle n'en est pas pour cela moins colère ;
Et sa morale, faite à mépriser le bien,
Sur l'aigreur de sa bile opère comme rien.
Pour peu que l'on s'oppose à ce que veut sa tête,
On en a pour huit jours d'effroyable tempête.
Elle me fait trembler dès qu'elle prend son ton ;
Je ne sais où me mettre, et c'est un vrai dragon ;

Et cependant, avec toute sa diablerie,
Il faut que je l'appelle et mon cœur et ma mie.
### ARISTE.
Allez, c'est se moquer. Votre femme, entre nous,
Est, par vos lâchetés, souveraine sur vous.
Son pouvoir n'est fondé que sur votre faiblesse;
C'est de vous qu'elle prend le titre de maîtresse;
Vous-même à ses hauteurs vous vous abandonnez,
Et vous faites mener, en bête, par le nez.
Quoi ! vous ne pouvez pas, voyant comme on nous nomme,
Vous résoudre une fois à vouloir être un homme,
A faire condescendre une femme à vos vœux,
Et prendre assez de cœur pour dire un Je le veux ?
Vous laisserez sans honte immoler votre fille
Aux folles visions qui tiennent la famille,
Et de tout votre bien revêtir un nigaud
Pour six mots de latin qu'il leur fait sonner haut;
Un pédant qu'à tout coup votre femme apostrophe
Du nom de bel esprit et de grand philosophe,
D'homme qu'en vers galants jamais on n'égala,
Et qui n'est, comme on sait, rien moins que tout cela!
Allez, encore un coup, c'est une moquerie,
Et votre lâcheté mérite qu'on en rie.
### CHRYSALE.
Oui, vous avez raison, et je vois que j'ai tort.
Allons, il faut enfin montrer un cœur plus fort,
Mon frère.
### ARISTE.
C'est bien dit.

## ACTE II, SCÈNE IX.

CHRYSALE.

C'est une chose infâme
Que d'être si soumis au pouvoir d'une femme.

ARISTE.

Fort bien.

CHRYSALE.

De ma douceur elle a trop profité.

ARISTE.

Il est vrai.

CHRYSALE.

Trop joui de ma facilité.

ARISTE.

Sans doute.

CHRYSALE.

Et je lui veux faire aujourd'hui connaître
Que ma fille est ma fille, et que j'en suis le maître,
Pour lui prendre un mari qui soit selon mes vœux.

ARISTE.

Vous voilà raisonnable, et comme je vous veux.

CHRYSALE.

Vous êtes pour Clitandre, et savez sa demeure;
Faites-le moi venir, mon frère, tout-à-l'heure.

ARISTE.

J'y cours tout de ce pas.

CHRYSALE.

C'est souffrir trop long-temps;
Et je m'en vais être homme, à la barbe des gens.

FIN DU SECOND ACTE.

## ACTE TROISIÈME.

## SCÈNE I.

### PHILAMINTE, ARMANDE, BÉLISE, TRISSOTIN, LEPINE.

PHILAMINTE.

Ah! mettons-nous ici pour écouter à l'aise
Ces vers que mot à mot il est besoin qu'on pèse.
ARMANDE.
Je brûle de les voir.
BÉLISE.
　　　　　Et l'on s'en meurt chez nous.
PHILAMINTE, *à Trissotin.*
Ce sont charmes pour moi, que ce qui part de vous.
ARMANDE.
Ce m'est une douceur à nulle autre pareille.
BÉLISE.
Ce sont repas friands qu'on donne à mon oreille.
PHILAMINTE.
Ne faites point languir de si pressants désirs.
ARMANDE.
Dépêchez!
BÉLISE.
　　　Faites tôt, et hâtez nos plaisirs.
PHILAMINTE.
A votre impatience offrez votre épigramme.

ACTE III, SCÈNE II.

TRISSOTIN, *à Philaminte.*

Hélas! c'est un enfant tout nouveau-né, madame.
Son sort assurément a lieu de vous toucher,
Et c'est dans votre cour que j'en viens d'accoucher.

PHILAMINTE.

Pour me le rendre cher, il suffit de son père.

TRISSOTIN.

Votre approbation lui peut servir de mère.

BÉLISE.

Qu'il a d'esprit!

## SCÈNE II.

HENRIETTE, PHILAMINTE, BÉLISE, ARMANDE, TRISSOTIN, LÉPINE.

PHILAMINTE, *à Henriette qui veut se retirer.*

Holà. Pourquoi donc fuyez-vous!

HENRIETTE.

C'est de peur de troubler un entretien si doux.

PHILAMINTE.

Approchez, et venez, de toutes vos oreilles,
Prendre part au plaisir d'entendre des merveilles.

HENRIETTE.

Je sais peu les beautés de tout ce qu'on écrit,
Et ce n'est pas mon fait que les choses d'esprit.

PHILAMINTE.

Il n'importe. Aussi bien ai-je à vous dire ensuite
Un secret dont il faut que vous soyez instruite.

TRISSOTIN, *à Henriette.*

Les sciences n'ont rien qui vous puisse enflammer,

Et vous ne vous piquez que de savoir charmer.
### HENRIETTE.
Aussi peu l'un que l'autre ; et je n'ai nulle envie...
### BÉLISE.
Ah ! songeons à l'enfant nouveau-né, je vous prie.
### PHILAMINTE, *à Lépine.*
Allons, petit garçon, vite, de quoi s'asseoir.
*(Lépine se laisse tomber.)*
Voyez l'impertinent ! Est-ce que l'on doit choir
Après avoir appris l'équilibre des choses ?
### BÉLISE.
De ta chute, ignorant, ne vois-tu pas les causes,
Et qu'elle vient d'avoir du point fixe écarté
Ce que nous appelons centre de gravité ?
### LÉPINE.
Je m'en suis aperçu, madame, étant par terre.
### PHILAMINTE, *à Lépine qui sort.*
Le lourdaud !
### TRISSOTIN.
Bien lui prend de n'être pas de verre.
### ARMANDE.
Ah ! de l'esprit partout !
### BÉLISE.
Cela ne tarit pas.
*(Ils s'asseyent.)*
### PHILAMINTE.
Servez-nous promptement votre aimable repas.
### TRISSOTIN.
Pour cette grande faim qu'à mes yeux on expose,
Un plat seul de huit vers me semble peu de chose ;

Et je pense qu'ici je ne ferai pas mal
De joindre à l'épigramme, ou bien au madrigal,
Le ragoût d'un sonnet qui, chez une princesse,
A passé pour avoir quelque délicatesse.
Il est de sel attique assaisonné partout ;
Et vous le trouverez, je crois, d'assez bon goût.

### ARMANDE.

Ah ! je n'en doute point.

### PHILAMINTE.

Donnons vîte audience.

### BÉLISE, *interrompant Trissotin chaque fois qu'il se dispose à lire.*

Je sens d'aise mon cœur tressaillir par avance.
J'aime la poésie avec entêtement,
Et sur-tout quand les vers sont tournés galamment.

### PHILAMINTE.

Si nous parlons toujours, il ne pourra rien dire.

### TRISSOTIN.

So...

### BÉLISE, *à Henriette.*

Silence, ma nièce.

### ARMANDE.

Ah ! laissez-le donc lire.

### TRISSOTIN.

SONNET *à la princesse* URANIE *sur sa fièvre.*

Votre prudence est endormie
De traiter magnifiquement
Et de loger superbement
Votre plus cruelle ennemie.

## ACTE III, SCÈNE II.

Où cette ingrate insolemment
Attaque votre belle vie.
#### BÉLISE.
Ah! tout doux; laissez-moi, de grâce, respirer.
#### ARMANDE.
Donnez-nous, s'il vous plaît, le loisir d'admirer.
#### PHILAMINTE.
On se sent, à ces vers, jusques au fond de l'ame
Couler je ne sais quoi qui fait que l'on se pâme.
#### ARMANDE.
Faites-la sortir, quoi qu'on die,
De votre riche appartement.
Que *riche appartement* est là joliment dit!
Et que la métaphore est mise avec esprit!
#### PHILAMINTE.
Faites-la sortir, quoi qu'on die.
Ah! que ce *quoi qu'on die* est d'un goût admirable!
C'est à mon sentiment un endroit impayable.
#### ARMANDE.
De *quoi qu'on die* aussi mon cœur est amoureux.
#### BÉLISE.
Je suis de votre avis, *quoi qu'on die* est heureux.
#### ARMANDE.
Je voudrais l'avoir fait.
#### BÉLISE.
      Il vaut toute une pièce.
#### PHILAMINTE.
Mais en comprend-on bien, comme moi, la finesse?
#### ARMANDE ET BÉLISE.
Oh! oh!

### PHILAMINTE.
Faites-la sortir, quoi qu'on die.
Que de la fièvre on prenne ici les intérêts ;
N'ayez aucun égard, moquez-vous des caquets,
　　Faites-la sortir, quoi qu'on die,
　　　Quoi qu'on die, quoi qu'on die.
Ce *quoi qu'on die* en dit beaucoup plus qu'il ne semble.
Je ne sais pas, pour moi, si chacun me ressemble ;
Mais j'entends là-dessous un million de mots.

### BÉLISE.
Il est vrai qu'il dit plus de choses qu'il n'est gros.

### PHILAMINTE, *à Trissotin.*
Mais quand vous avez fait ce charmant *quoi qu'on die*,
Avez-vous compris, vous, toute son énergie ?
Songiez-vous bien vous-même à tout ce qu'il nous dit ?
Et pensiez-vous alors y mettre tant d'esprit ?

### TRISSOTIN.
Hai ! hai !

### ARMANDE.
J'ai fort aussi l'*ingrate* dans la tête,
Cette ingrate de fièvre, injuste, malhonnête,
Qui traite mal les gens qui la logent chez eux.

### PHILAMINTE.
Enfin les quatrains sont admirables tous deux.
Venons-en promptement aux tercets, je vous prie.

### ARMANDE.
Ah ! s'il vous plaît, encore une fois *quoi qu'on die*.

### TRISSOTIN.
Faites-la sortir, quoi qu'on die...

## ACTE III, SCÈNE II.

PHILAMINTE, ARMANDE, ET BÉLISE.
*Quoi qu'on die !*

TRISSOTIN.
De votre riche appartement...

PHILAMINTE, ARMANDE, ET BÉLISE.
*Riche appartement !*

TRISSOTIN.
Où cette ingrate insolemment...

PHILAMINTE, ARMANDE, ET BÉLISE.
Cette *ingrate* de fièvre !

TRISSOTIN.
Attaque votre belle vie.

PHILAMINTE.
*Votre belle vie !*

ARMANDE ET BÉLISE.
Ah !

TRISSOTIN.
Quoi ! sans respecter votre rang,
Elle se prend à votre sang...

PHILAMINTE, ARMANDE, ET BÉLISE.
Ah !

TRISSOTIN.
Et nuit et jour vous fait outrage !
Si vous la conduisez aux bains,
Sans la marchander davantage,
Noyez-la de vos propres mains.

PHILAMINTE.
On n'en peut plus.

BÉLISE.
On pâme.

5.

ARMANDE.
On se meurt de plaisir.
PHILAMINTE.
De mille doux frissons vous vous sentez saisir.
ARMANDE.
Si vous la conduisez aux bains,
BÉLISE.
Sans la marchander davantage,
PHILAMINTE.
Noyez-la de vos propres mains.
De vos propres mains, là, noyez-la dans les bains.
ARMANDE.
Chaque pas dans vos vers rencontre un trait charmant.
BÉLISE.
Par-tout on s'y promène avec ravissement.
PHILAMINTE.
On n'y saurait marcher que sur de belles choses.
ARMANDE.
Ce sont petits chemins tout parsemés de roses.
TRISSOTIN.
Le sonnet donc vous semble...
PHILAMINTE.
Admirable, nouveau ;
Et personne jamais n'a rien fait de si beau.
BÉLISE, *à Henriette*.
Quoi ! sans émotion pendant cette lecture !
Vous faites là, ma nièce, une étrange figure.
HENRIETTE.
Chacun fait ici bas la figure qu'il peut,
Ma tante ; et bel esprit, il ne l'est pas qui veut.

## ACTE III, SCÈNE II.

TRISSOTIN.
Peut-être que mes vers importunent madame.

HENRIETTE.
Point. Je n'écoute pas.

PHILAMINTE.
Ah! voyons l'épigramme.

TRISSOTIN.
*Sur un carrosse de couleur amarante donné à une dame de ses amies.*

PHILAMINTE.
Ses titres ont toujours quelque chose de rare.

ARMANDE.
A cent beaux traits d'esprit leur nouveauté prépare.

TRISSOTIN.
L'amour si chèrement m'a vendu son lien,

PHILAMINTE, ARMANDE, ET BÉLISE.
Ah!

TRISSOTIN.
Qu'il m'en coûte déjà la moitié de mon bien ;
   Et, quand tu vois ce beau carrosse,
   Où tant d'or se relève en bosse
   Qu'il étonne tout le pays,
Et fait pompeusement triompher ma Laïs...

PHILAMINTE.
Ah! *ma Laïs!* Voilà de l'érudition.

BÉLISE.
L'enveloppe est jolie, et vaut un million.

TRISSOTIN.
   Et, quand tu vois ce beau carrosse,
   Où tant d'or se relève en bosse

Qu'il étonne tout le pays,
Et fait pompeusement triompher ma Laïs,
Ne dis plus qu'il est amarante,
Dis plutôt qu'il est de ma rente.

ARMANDE.

Oh! oh! oh! celui-là ne s'attend point du tout.

PHILAMINTE.

On n'a que lui qui puisse écrire de ce goût.

BÉLISE.

Ne dis plus qu'il est amarante,
Dis plutôt qu'il est de ma rente.

Voilà qui se décline, *ma rente, de ma rente, à ma rente.*

PHILAMINTE.

Je ne sais, du moment que je vous ai connu,
Si sur votre sujet j'eus l'esprit prévenu ;
Mais j'admire par-tout vos vers et votre prose.

TRISSOTIN, *à Philaminte.*

Si vous vouliez de vous nous montrer quelque chose,
A notre tour aussi nous pourrions admirer.

PHILAMINTE.

Je n'ai rien fait en vers ; mais j'ai lieu d'espérer
Que je pourrai bientôt vous montrer en amie
Huit chapitres du plan de notre académie.
Platon s'est au projet simplement arrêté,
Quand de sa république il a fait le traité ;
Mais à l'effet entier je veux pousser l'idée
Que j'ai sur le papier en prose accommodée :
Car enfin je me sens un étrange dépit
Du tort que l'on nous fait du côté de l'esprit ;

Et je veux nous venger, toutes tant que nous sommes,
De cette indigne classe où nous rangent les hommes,
De borner nos talents à des futilités,
Et nous fermer la porte aux sublimes clartés.

### ARMANDE.

C'est faire à notre sexe une trop grande offense,
De n'étendre l'effort de notre intelligence
Qu'à juger d'une jupe, ou de l'air d'un manteau,
Ou des beautés d'un point, ou d'un brocard nouveau.

### BÉLISE.

Il faut se relever de ce honteux partage,
Et mettre hautement notre esprit hors de page.

### TRISSOTIN.

Pour les dames on sait mon respect en tous lieux;
Et si je rends hommage aux brillants de leurs yeux,
De leur esprit aussi j'honore les lumières.

### PHILAMINTE.

Le sexe aussi vous rend justice en ces matières :
Mais nous voulons montrer à de certains esprits
Dont l'orgueilleux savoir nous traite avec mépris,
Que de science aussi les femmes sont meublées;
Qu'on peut faire comme eux de doctes assemblées,
Conduites en cela par des ordres meilleurs;
Qu'on y veut réunir ce qu'on sépare ailleurs,
Mêler le beau langage et les hautes sciences,
Découvrir la nature en mille expériences,
Et, sur les questions qu'on pourra proposer,
Faire entrer chaque secte, et n'en point épouser.

### TRISSOTIN.

Je m'attache pour l'ordre au péripatétisme.

PHILAMINTE.

Pour les abstractions j'aime le platonisme.

ARMANDE.

Epicure me plaît, et ses dogmes sont forts.

BÉLISE.

Je m'accommode assez, pour moi, des petits corps;
Mais le vide à souffrir me semble difficile,
Et je goûte bien mieux la matière subtile.

TRISSOTIN.

Descartes, pour l'aimant, donne fort dans mon sens.

ARMANDE.

J'aime ses tourbillons.

PHILAMINTE.

   Moi, ses mondes tombants.

ARMANDE.

Il me tarde de voir notre assemblée ouverte,
Et de nous signaler par quelque découverte.

TRISSOTIN.

On en attend beaucoup de vos vives clartés,
Et pour vous la nature a peu d'obscurités.

PHILAMINTE.

Pour moi, sans me flatter, j'en ai déjà fait une;
Et j'ai vu clairement des hommes dans la lune.

BÉLISE.

Je n'ai point encor vu d'hommes, comme je crois;
Mais j'ai vu des clochers tout comme je vous vois.

ARMANDE.

Nous approfondirons ainsi que la physique,
Grammaire, histoire, vers, morale, et politique.

## ACTE III, SCÈNE II.

PHILAMINTE.

La morale a des traits dont mon cœur est épris,
Et c'était autrefois l'amour des grands esprits :
Mais aux stoïciens je donne l'avantage,
Et je ne trouve rien de si beau que leur sage.

ARMANDE.

Pour la langue, on verra dans peu nos réglements,
Et nous y prétendons faire des remuements.
Par une antipathie, ou juste, ou naturelle,
Nous avons pris chacune une haine mortelle
Pour un nombre de mots, soit ou verbes, ou noms,
Que mutuellement nous nous abandonnons :
Contre eux nous préparons de mortelles sentences,
Et nous devons ouvrir nos doctes conférences
Par les proscriptions de tous ces mots divers
Dont nous voulons purger et la prose et les vers.

PHILAMINTE.

Mais le plus beau projet de notre académie,
Une entreprise noble et dont je suis ravie,
Un dessein plein de gloire, et qui sera vanté
Chez tous les beaux esprits de la postérité,
C'est le retranchement de ces syllabes sales
Qui, dans les plus beaux mots, produisent des scandales,
Ces jouets éternels des sots de tous les temps,
Ces fades lieux communs de nos méchants plaisants,
Ces sources d'un amas d'équivoques infâmes
Dont on vient faire insulte à la pudeur des femmes.

TRISSOTIN.

Voilà certainement d'admirables projets.

## BÉLISE.

Vous verrez nos statuts quand ils seront tous faits.

## TRISSOTIN.

Ils ne sauraient manquer d'être tous beaux et sages.

## ARMANDE.

Nous serons par nos lois les juges des ouvrages ;
Par nos lois, prose et vers, tout nous sera soumis ;
Nul n'aura de l'esprit, hors nous et nos amis.
Nous chercherons par-tout à trouver à redire,
Et ne verrons que nous qui sachent bien écrire.

# SCÈNE III.

## PHILAMINTE, BÉLISE, ARMANDE, HENRIETTE, TRISSOTIN, LEPINE.

### LÉPINE, à Trissotin.

Monsieur, un homme est là qui veut parler à vous ;
Il est vêtu de noir, et parle d'un ton doux.

(*Ils se lèvent.*)

## TRISSOTIN.

C'est cet ami savant qui m'a fait tant d'instance
De lui donner l'honneur de votre connaissance.

## PHILAMINTE.

Pour le faire venir vous avez tout crédit.

(*Trissotin va au-devant de Vadius.*)

## SCÈNE IV.

**PHILAMINTE, BÉLISE, ARMANDE, HENRIETTE.**

PHILAMINTE, *à Armande et à Bélise.*
Faisons bien les honneurs au moins de notre esprit.
(*à Henriette qui veut sortir.*)
Holà ! Je vous ai dit, en paroles bien claires,
Que j'ai besoin de vous.

HENRIETTE.
Mais pour quelles affaires ?

PHILAMINTE.
Venez ; on va dans peu vous les faire savoir.

## SCÈNE V.

**TRISSOTIN, VADIUS, PHILAMINTE, BELISE, ARMANDE, HENRIETTE.**

TRISSOTIN, *présentant Vadius.*
Voici l'homme qui meurt du désir de vous voir ;
En vous le produisant je ne crains point le blâme
D'avoir admis chez vous un profane, madame.
Il peut tenir son coin parmi de beaux esprits.

PHILAMINTE.
La main qui le présente en dit assez le prix.

TRISSOTIN.
Il a des vieux auteurs la pleine intelligence,
Et sait du grec, madame, autant qu'homme de
    France.

PHILAMINTE, *à Bélise.*

Du grec! ô ciel, du grec! Il sait du grec, ma sœur!

BÉLISE, *à Armande.*

Ah! ma nièce, du grec!

ARMANDE.

Du grec! quelle douceur!

PHILAMINTE.

Quoi! monsieur sait du grec! Ah! permettez, de grâce,
Que, pour l'amour du grec, monsieur, on vous embrasse.

(*Vadius embrasse aussi Bélise et Armande.*)

HENRIETTE, *à Vadius qui veut aussi l'embrasser.*

Excusez-moi, monsieur, je n'entends pas le grec.

(*Ils s'asseyent.*)

PHILAMINTE.

J'ai pour les livres grecs un merveilleux respect.

VADIUS.

Je crains d'être fâcheux par l'ardeur qui m'engage
A vous rendre aujourd'hui, madame, mon hommage;
Et j'aurai pu troubler quelque docte entretien.

PHILAMINTE.

Monsieur, avec du grec on ne peut gâter rien.

TRISSOTIN.

Au reste, il fait merveille en vers ainsi qu'en prose,
Et pourrait, s'il voulait, vous montrer quelque chose.

VADIUS.

Le défaut des auteurs dans leurs productions,
C'est d'en tyranniser les conversations,
D'être au palais, au cours, aux ruelles, aux tables,

## ACTE III, SCÈNE V.

De leurs vers fatigants lecteurs infatigables.
Pour moi, je ne vois rien de plus sot à mon sens
Qu'un auteur qui par-tout va gueuser des encens;
Qui, des premiers venus saisissant les oreilles,
En fait le plus souvent les martyrs de ses veilles.
On ne m'a jamais vu ce fol entêtement;
Et d'un Grec là-dessus je suis le sentiment,
Qui, par un dogme exprès défend à tous ses sages
L'indigne empressement de lire leurs ouvrages.
Voici de petits vers pour de jeunes amants,
Sur quoi je voudrais bien avoir vos sentiments.

TRISSOTIN.
Vos vers ont des beautés que n'ont point tous les autres.

VADIUS.
Les Grâces et Vénus régnent dans tous les vôtres.

TRISSOTIN.
Vous avez le tour libre et le beau choix des mots.

VADIUS.
On voit par-tout chez vous l'*ithos* et le *pathos*.

TRISSOTIN.
Nous avons vu de vous des églogues d'un style
Qui passe en doux attraits Théocrite et Virgile.

VADIUS.
Vos odes ont un air noble, galant et doux,
Qui laisse de bien loin votre Horace après vous.

TRISSOTIN.
Est-il rien d'amoureux comme vos chansonnettes?

VADIUS.
Peut-on voir rien d'égal aux sonnets que vous faites?

## LES FEMMES SAVANTES.

TRISSOTIN.

Rien qui soit plus charmant que vos petits rondeaux?

VADIUS.

Rien de si plein d'esprit que tous vos madrigaux?

TRISSOTIN.

Aux ballades sur-tout vous êtes admirable.

VADIUS.

Et dans les bouts rimés je vous trouve adorable.

TRISSOTIN.

Si la France pouvait connaître votre prix,

VADIUS.

Si le siècle rendait justice aux beaux esprits,

TRISSOTIN.

En carrosse doré vous iriez par les rues.

VADIUS.

On verrait le public vous dresser des statues.

(à Trissotin.)

Hom! c'est une ballade, et je veux que tout net
Vous m'en...

TRISSOTIN, à Vadius.

Avez-vous vu certain petit sonnet
Sur la fièvre qui tient la princesse Uranie?

VADIUS.

Oui. Hier il me fut lu dans une compagnie.

TRISSOTIN.

Vous en savez l'auteur!

VADIUS.

Non; mais je sais fort bien
Qu'à ne le point flatter, son sonnet ne vaut rien.

### TRISSOTIN.
Beaucoup de gens pourtant le trouvent admirable.
### VADIUS.
Cela n'empêche pas qu'il ne soit misérable ;
Et, si vous l'avez vu, vous serez de mon goût.
### TRISSOTIN.
Je sais que là-dessus je n'en suis point du tout,
Et que d'un tel sonnet peu de gens sont capables.
### VADIUS.
Me préserve le ciel d'en faire de semblables !
### TRISSOTIN.
Je soutiens qu'on ne peut en faire de meilleur ;
Et ma grande raison est que j'en suis l'auteur.
### VADIUS.
Vous ?
### TRISSOTIN.
Moi.
### VADIUS.
Je ne sais donc comment se fit l'affaire.
### TRISSOTIN.
C'est qu'on fut malheureux de ne pouvoir vous plaire.
### VADIUS.
Il faut qu'en écoutant j'aie eu l'esprit distrait,
Ou bien que le lecteur m'ait gâté le sonnet.
Mais laissons ce discours, et voyons ma ballade.
### TRISSOTIN.
La ballade, à mon goût, est une chose fade ;
Ce n'en est plus la mode, elle sent son vieux temps.

VADIUS.
La ballade pourtant charme beaucoup de gens.
TRISSOTIN.
Cela n'empêche pas qu'elle ne me déplaise.
VADIUS.
Elle n'en reste pas pour cela plus mauvaise.
TRISSOTIN.
Elle a pour les pédants de merveilleux appas.
VADIUS.
Cependant nous voyons qu'elle ne vous plaît pas.
TRISSOTIN.
Vous donnez sottement vos qualités aux autres.
(*Ils se lèvent tous.*)
VADIUS.
Fort impertinemment vous me jetez les vôtres.
TRISSOTIN.
Allez, petit grimaud, barbouilleur de papier.
VADIUS.
Allez, rimeur de balle, opprobre du métier.
TRISSOTIN.
Allez, frippier d'écrits, impudent plagiaire.
VADIUS.
Allez, cuistre...
PHILAMINTE.
Hé! messieurs, que prétendez-vous faire?
TRISSOTIN, *à Vadius.*
Va, va restituer tous les honteux larcins
Que réclament sur toi les Grecs et les Latins.
VADIUS.
Va, va-t'en faire amende honorable au Parnasse

D'avoir fait à tes vers estropier Horace.
### TRISSOTIN.
Souviens-toi de ton livre, et de son peu de bruit;
### VADIUS.
Et toi, de ton libraire à l'hôpital réduit.
### TRISSOTIN.
Ma gloire est établie, en vain tu la déchires.
### VADIUS.
Oui, oui, je te renvoie à l'auteur des satires.
### TRISSOTIN.
Je t'y renvoie aussi.
### VADIUS.
J'ai le contentement
Qu'on voit qu'il m'a traité plus honorablement.
Il me donne en passant une atteinte légère
Parmi plusieurs auteurs qu'au palais on révère;
Mais jamais dans ses vers il ne te laisse en paix,
Et l'on t'y voit par-tout être en butte à ses traits.
### TRISSOTIN.
C'est par-là que j'y tiens un rang plus honorable.
Il te met dans la foule, ainsi qu'un misérable;
Il croit que c'est assez d'un coup pour t'accabler,
Et ne t'a jamais fait l'honneur de redoubler :
Mais il m'attaque à part comme un noble adversaire
Sur qui tout son effort lui semble nécessaire;
Et ses coups, contre moi redoublés en tous lieux,
Montrent qu'il ne se croit jamais victorieux.
### VADIUS.
Ma plume t'apprendra quel homme je puis être.

## LES FEMMES SAVANTES.

TRISSOTIN.
Et la mienne saura te faire voir ton maître.

VADIUS.
Je te défie en vers, prose, grec, et latin.

TRISSOTIN.
Hé bien ! nous nous verrons seul à seul chez Barbin.

## SCÈNE VI.

### TRISSOTIN, PHILAMINTE, ARMANDE, BELISE, HENRIETTE.

TRISSOTIN.
A mon emportement ne donnez aucun blâme ;
C'est votre jugement que je défends, madame,
Dans le sonnet qu'il a l'audace d'attaquer.

PHILAMINTE.
A vous remettre bien je me veux appliquer.
Mais parlons d'autre affaire. Approchez, Henriette :
Depuis assez long-temps mon ame s'inquiète
De ce qu'aucun esprit en vous ne se fait voir ;
Mais je trouve un moyen de vous en faire avoir.

HENRIETTE.
C'est prendre un soin pour moi qui n'est pas nécessaire ;
Les doctes entretiens ne sont point mon affaire :
J'aime à vivre aisément ; et, dans tout ce qu'on dit,
Il faut se trop peiner pour avoir de l'esprit ;
C'est une ambition que je n'ai point en tête.
Je me trouve fort bien, ma mère, d'être bête ;
Et j'aime mieux n'avoir que de communs propos,

## ACTE III, SCÈNE VI.

Que de me tourmenter pour dire de beaux mots.
### PHILAMINTE.
Oui; mais j'y suis blessée, et ce n'est pas mon compte
De souffrir dans mon sang une pareille honte.
La beauté du visage est un frêle ornement,
Une fleur passagère, un éclat d'un moment,
Et qui n'est attaché qu'à la simple épiderme;
Mais celle de l'esprit est inhérente et ferme.
J'ai donc cherché long-temps un biais de vous donner
La beauté que les ans ne peuvent moissonner,
De faire entrer chez vous le désir des sciences,
De vous insinuer les belles connaissances;
Et la pensée enfin où mes vœux ont souscrit,
C'est d'attacher à vous un homme plein d'esprit.
*(montrant Trissotin.)*
Et cet homme est monsieur, que je vous détermine
A voir comme l'époux que mon choix vous destine.
### HENRIETTE.
Moi, ma mère?
### PHILAMINTE.
Oui, vous : faites la sotte un peu.
### BÉLISE, *à Trissotin.*
Je vous entends : vos yeux demandent mon aveu
Pour engager ailleurs un cœur que je possède.
Allez, je le veux bien. A ce nœud je vous cède;
C'est un hymen qui fait votre établissement.
### TRISSOTIN, *à Henriette.*
Je ne sais que vous dire en mon ravissement,
Madame; et cet hymen dont je vois qu'on m'honore
Me met...

## HENRIETTE.

Tout beau, monsieur; il n'est pas fait encore:
Ne vous pressez pas tant.

## PHILAMINTE.

Comme vous répondez!
Savez-vous bien que si... Suffit. Vous m'entendez.
(à Trissotin.)
Elle se rendra sage. Allons, laissons-la faire.

## SCÈNE VII.

## HENRIETTE, ARMANDE.

## ARMANDE.

On voit briller pour vous les soins de notre mère;
Et son choix ne pouvait d'un plus illustre époux...

## HENRIETTE.

Si le choix est si beau, que ne le prenez-vous?

## ARMANDE.

C'est à vous, non à moi, que sa main est donnée.

## HENRIETTE.

Je vous le cède tout, comme à ma sœur aînée.

## ARMANDE.

Si l'hymen, comme à vous, me paraissait charmant,
J'accepterais votre offre avec ravissement.

## HENRIETTE.

Si j'avais, comme vous, les pédants dans la tête,
Je pourrais le trouver un parti fort honnête.

## ARMANDE.

Cependant, bien qu'ici nos goûts soient différents,
Nous devons obéir, ma sœur, à nos parents.

Une mère a sur nous une entière puissance ;
Et vous croyez envain par votre résistance...

## SCÈNE VIII.

### CHRYSALE, ARISTE, CLITANDRE, HENRIETTE, ARMANDE.

CHRYSALE, *à Henriette, lui présentant Clitandre.*
Allons, ma fille, il faut approuver mon dessein.
Otez ce gant. Touchez à monsieur dans la main,
Et le considérez désormais dans votre ame
En homme dont je veux que vous soyez la femme.

ARMANDE.
De ce côté, ma sœur, vos penchants sont fort grands.

HENRIETTE.
Il nous faut obéir, ma sœur, à nos parents ;
Un père a sur nos vœux une entière puissance.

ARMANDE.
Une mère a sa part à notre obéissance.

CHRYSALE.
Qu'est-ce à dire ?

ARMANDE.
Je dis que j'appréhende fort
Qu'ici ma mère et vous ne soyez pas d'accord ;
Et c'est un autre époux...

CHRYSALE.
Taisez-vous, péronnelle ;
Allez philosopher tout le soûl avec elle,
Et de mes actions ne vous mêlez en rien.
Dites-lui ma pensée, et l'avertissez bien

Qu'elle ne vienne pas m'échauffer les oreilles.
Allons vîte.

## SCÈNE IX.

### CHRYSALE, ARISTE, HENRIETTE, CLITANDRE.

#### ARISTE.
Fort bien. Vous faites des merveilles.
#### CLITANDRE.
Quel transport! quelle joie! Ah! que mon sort est
 doux!
#### CHRYSALE, *à Clitandre.*
Allons, prenez sa main, et passez devant nous;
Menez-la dans sa chambre. Ah! les douces caresses!
( *à Ariste* ).
Tenez, mon cœur s'émeut à toutes ces tendresses;
Cela ragaillardit tout-à-fait mes vieux jours;
Et je me ressouviens de mes jeunes amours.

FIN DU TROISIÈME ACTE.

# ACTE QUATRIÈME.

## SCÈNE I.

### PHILAMINTE, ARMANDE.

ARMANDE.

Oui, rien n'a retenu son esprit en balance;
Elle a fait vanité de son obéissance.
Son cœur, pour se livrer, à peine devant moi
S'est-il donné le temps d'en recevoir la loi,
Et semblait suivre moins les volontés d'un père,
Qu'affecter de braver les ordres d'une mère.

PHILAMINTE.

Je lui montrerai bien aux lois de qui des deux
Les droits de la raison soumettent tous ses vœux,
Et qui doit gouverner, ou sa mère ou son père,
Ou l'esprit ou le corps, la forme ou la matière.

ARMANDE.

On vous en devait bien, au moins, un compliment;
Et ce petit monsieur en use étrangement
De vouloir, malgré vous, devenir votre gendre.

PHILAMINTE.

Il n'en est pas encore où son cœur peut prétendre.
Je le trouvais bien fait, et j'aimais vos amours;
Mais, dans ses procédés, il m'a déplu toujours.
Il sait que, Dieu merci, je me mêle d'écrire;
Et jamais il ne m'a prié de lui rien lire.

## SCÈNE II.

**CLITANDRE**, *entrant doucement, et écoutant sans se montrer;* **ARMANDE, PHILAMINTE.**

ARMANDE.

Je ne souffrirais point, si j'étais que de vous,
Que jamais d'Henriette il pût être l'époux.
On me ferait grand tort d'avoir quelque pensée
Que là-dessus je parle en fille intéressée,
Et que le lâche tour que l'on voit qu'il me fait
Jette au fond de mon cœur quelque dépit secret.
Contre de pareils coups l'ame se fortifie
Du solide secours de la philosophie,
Et par elle on se peut mettre au-dessus de tout.
Mais vous traiter ainsi, c'est vous pousser à bout.
Il est de votre honneur d'être à ses vœux contraire,
Et c'est un homme enfin qui ne doit point vous plaire.
Jamais je n'ai connu, discourant entre nous,
Qu'il eût au fond du cœur de l'estime pour vous.

PHILAMINTE.

Petit sot!

ARMANDE.

Quelque bruit que votre gloire fasse,
Toujours à vous louer il a paru de glace.

PHILAMINTE.

Le brutal!

ARMANDE.

Et vingt fois, comme ouvrages nouveaux,
J'ai lu des vers de vous qu'il n'a point trouvés beaux.

## ACTE IV, SCÈNE II.

PHILAMINTE.

L'impertinent !

ARMANDE.

Souvent nous en étions aux prises ;
Et vous ne croiriez point de combien de sottises...

CLITANDRE, *à Armande.*

Hé ! doucement, de grâce. Un peu de charité,
Madame, ou, tout au moins, un peu d'honnêteté.
Quel mal vous ai-je fait ? et quelle est mon offense
Pour armer contre moi toute votre éloquence,
Pour vouloir me détruire, et prendre tant de soin
De me rendre odieux aux gens dont j'ai besoin ?
Parlez, dites, d'où vient ce courroux effroyable ?
Je veux bien que madame en soit juge équitable.

ARMANDE.

Si j'avais le courroux dont on veut m'accuser,
Je trouverais assez de quoi l'autoriser ;
Vous en seriez trop digne : et les premières flammes
S'établissent des droits si sacrés sur les ames,
Qu'il faut perdre fortune, et renoncer au jour,
Plutôt que de brûler des feux d'un autre amour.
Au changement de vœux nulle horreur ne s'égale ;
Et tout cœur infidèle est un monstre en morale.

CLITANDRE.

Appelez-vous, madame, une infidélité
Ce que m'a de votre ame ordonné la fierté ?
Je ne fais qu'obéir aux lois qu'elle m'impose ;
Et si je vous offense, elle seule en est cause.
Vos charmes ont d'abord possédé tout mon cœur ;
Il a brûlé deux ans d'une constante ardeur ;

Il n'est soins empressés, devoirs, respects, services,
Dont il ne vous ait fait d'amoureux sacrifices.
Tous mes feux, tous mes soins, ne peuvent rien sur
 vous;
Je vous trouve contraire à mes vœux les plus doux;
Ce que vous refusez, je l'offre au choix d'une autre.
Voyez : est-ce, madame, ou ma faute, ou la vôtre?
Mon cœur court-il au change, ou si vous l'y poussez?
Est-ce moi qui vous quitte? ou vous qui me chassez?

ARMANDE.

Appelez-vous, monsieur, être à vos vœux contraire,
Que de leur arracher ce qu'ils ont de vulgaire,
Et vouloir les réduire à cette pureté
Où du parfait amour consiste la beauté?
Vous ne sauriez pour moi tenir votre pensée
Du commerce des sens nette et débarrassée;
Et vous ne goûtez point, dans ses plus doux appas,
Cette union des cœurs où les corps n'entrent pas.
Vous ne pouvez aimer que d'une amour grossière,
Qu'avec tout l'attirail des nœuds de la matière;
Et, pour nourrir les feux que chez vous on produit,
Il faut un mariage et tout ce qui s'ensuit.
Ah! quel étrange amour! et que les belles ames
Sont bien loin de brûler de ces terrestres flammes!
Les sens n'ont point de part à toutes les ardeurs,
Et ce beau feu ne veut marier que les cœurs;
Comme une chose indigne, il laisse là le reste :
C'est un feu pur et net comme le feu céleste;
On ne pousse avec lui que d'honnêtes soupirs,
Et l'on ne penche point vers les sales désirs.

Rien d'impur ne se mêle au but qu'on se propose ;
On aime pour aimer, et non pour autre chose :
Ce n'est qu'à l'esprit seul que vont tous les transports,
Et l'on ne s'aperçoit jamais qu'on ait un corps.

### CLITANDRE.

Pour moi, par un malheur, je m'aperçois, madame,
Que j'ai, ne vous déplaise, un corps tout comme une ame ;
Je sens qu'il y tient trop pour le laisser à part.
De ces détachements je ne connais point l'art ;
Le ciel m'a dénié cette philosophie,
Et mon ame et mon corps marchent de compagnie.
Il n'est rien de plus beau, comme vous avez dit,
Que ces vœux épurés qui ne vont qu'à l'esprit,
Ces unions de cœur, et ces tendres pensées,
Du commerce des sens si bien débarrassées.
Mais ces amours pour moi sont trop subtilisés ;
Je suis un peu grossier comme vous m'accusez :
J'aime avec tout moi-même ; et l'amour qu'on me donne
En veut, je le confesse, à toute la personne.
Ce n'est pas là matière à de grands châtiments ;
Et, sans faire de tort à vos beaux sentiments,
Je vois que dans le monde on suit fort ma méthode,
Et que le mariage est assez à la mode,
Passe pour un lien assez honnête et doux
Pour avoir désiré de me voir votre époux,
Sans que la liberté d'une telle pensée
Ait dû vous donner lieu d'en paraître offensée.

### ARMANDE.

Hé bien! monsieur, hé bien! puisque, sans m'écouter,
Vos sentiments brutaux veulent se contenter;
Puisque, pour vous réduire à des ardeurs fidèles,
Il faut des nœuds de chair, des chaînes corporelles;
Si ma mère le veut, je résous mon esprit
A consentir pour vous à ce dont il s'agit.

### CLITANDRE.

Il n'est plus temps, madame, une autre a pris la place;
Et par un tel retour j'aurais mauvaise grâce
De maltraiter l'asile et blesser les bontés
Où je me suis sauvé de toutes vos fiertés.

### PHILAMINTE.

Mais enfin comptez-vous, monsieur, sur mon
    suffrage,
Quand vous vous promettez cet autre mariage?
Et, dans vos visions, savez-vous, s'il vous plaît,
Que j'ai pour Henriette un autre époux tout prêt?

### CLITANDRE.

Hé! madame, voyez votre choix, je vous prie;
Exposez-moi, de grâce, à moins d'ignominie,
Et ne me rangez pas à l'indigne destin
De me voir le rival de monsieur Trissotin.
L'amour des beaux esprits, qui chez vous m'est
    contraire,
Ne pouvait m'opposer un moins noble adversaire.
Il en est, et plusieurs, que, pour le bel esprit,
Le mauvais goût du siècle a su mettre en crédit;
Mais monsieur Trissotin n'a pu duper personne,
Et chacun rend justice aux écrits qu'il nous donne.

Hors céans, on le prise en tous lieux ce qu'il vaut ;
Et ce qui m'a vingt fois fait tomber de mon haut,
C'est de vous voir au ciel élever des sornettes
Que vous désavoueriez si vous les aviez faites.
### PHILAMINTE.
Si vous jugez de lui tout autrement que nous,
C'est que nous le voyons par d'autres yeux que vous.

## SCÈNE III.

TRISSOTIN, PHILAMINTE, ARMANDE, CLITANDRE.

### TRISSOTIN, à *Philaminte*.
Je viens vous annoncer une grande nouvelle.
Nous l'avons en dormant, madame, échappé belle :
Un monde près de nous a passé tout du long,
Est chu tout au travers de notre tourbillon ;
Et, s'il eût en chemin rencontré notre terre,
Elle eût été brisée en morceaux, comme verre.
### PHILAMINTE.
Remettons ce discours pour une autre saison :
Monsieur n'y trouverait ni rime ni raison ;
Il fait profession de chérir l'ignorance,
Et de haïr sur-tout l'esprit et la science.
### CLITANDRE.
Cette vérité veut quelque adoucissement.
Je m'explique, madame ; et je hais seulement
La science et l'esprit qui gâtent les personnes.
Ce sont choses, de soi, qui sont belles et bonnes ;
Mais j'aimerais mieux être au rang des ignorants,

Que de me voir savant comme certaines gens.
### TRISSOTIN.
Pour moi, je ne tiens pas, quelque effet qu'on sup-
  pose,
Que la science soit pour gâter quelque chose.
### CLITANDRE.
Et c'est mon sentiment qu'en faits comme en propos
La science est sujette à faire de grands sots.
### TRISSOTIN.
Le paradoxe est fort.
### CLITANDRE.
    Sans être fort habile,
La preuve m'en serait, je pense, assez facile.
Si les raisons manquaient, je suis sûr qu'en tout cas
Les exemples fameux ne me manqueraient pas.
### TRISSOTIN.
Vous en pourriez citer qui ne concluraient guère.
### CLITANDRE.
Je n'irais pas bien loin pour trouver mon affaire.
### TRISSOTIN.
Pour moi, je ne vois pas ces exemples fameux.
### CLITANDRE.
Moi, je les vois si bien, qu'ils me crèvent les yeux.
### TRISSOTIN.
J'ai cru jusques ici que c'était l'ignorance
Qui faisait les grands sots, et non pas la science.
### CLITANDRE.
Vous avez cru fort mal ; et je vous suis garant
Qu'un sot savant est sot plus qu'un sot ignorant.

## ACTE IV, SCÈNE III.

**TRISSOTIN.**
Le sentiment commun est contre vos maximes,
Puisqu'ignorant et sot sont termes synonymes.

**CLITANDRE.**
Si vous le voulez prendre aux usages du mot,
L'alliance est plus grande entre pédant et sot.

**TRISSOTIN.**
La sottise, dans l'un, se fait voir toute pure.

**CLITANDRE.**
Et l'étude, dans l'autre, ajoute à la nature.

**TRISSOTIN.**
Le savoir garde en soi son mérite éminent.

**CLITANDRE.**
Le savoir, dans un fat, devient impertinent.

**TRISSOTIN.**
Il faut que l'ignorance ait pour vous de grands charmes,
Puisque pour elle ainsi vous prenez tant les armes.

**CLITANDRE.**
Si pour moi l'ignorance a des charmes bien grands,
C'est depuis qu'à mes yeux s'offrent certains savants.

**TRISSOTIN.**
Ces certains savants-là peuvent, à les connaître,
Valoir certaines gens que nous voyons paraître.

**CLITANDRE.**
Oui, si l'on s'en rapporte à ces certains savants :
Mais on n'en convient pas chez ces certaines gens.

**PHILAMINTE**, *à Clitandre*.
Il me semble, monsieur...

CLITANDRE.
            Hé! madame, de grâce;
Monsieur est assez fort, sans qu'à son aide on passe.
Je n'ai déjà que trop d'un si rude assaillant;
Et si je me défends, ce n'est qu'en reculant.
        ARMANDE.
Mais l'offensante aigreur de chaque répartie
Dont vous...
        CLITANDRE.
    Autre second! Je quitte la partie.
        PHILAMINTE.
On souffre aux entretiens ces sortes de combats,
Pourvu qu'à la personne on ne s'attaque pas.
        CLITANDRE.
Hé! mon dieu! tout cela n'a rien dont il s'offense;
Il entend raillerie autant qu'homme de France;
Et de bien d'autres traits il s'est senti piquer,
Sans que jamais sa gloire ait fait que s'en moquer.
        TRISSOTIN.
Je ne m'étonne pas, au combat que j'essuie,
De voir prendre à monsieur la thèse qu'il appuie;
Il est fort enfoncé dans la cour, c'est tout dit:
La cour, comme l'on sait, ne tient pas pour l'esprit:
Elle a quelque intérêt d'appuyer l'ignorance;
Et c'est en courtisan qu'il en prend la défense.
        CLITANDRE.
Vous en voulez beaucoup à cette pauvre cour;
Et son malheur est grand de voir que, chaque jour,
Vous autres beaux esprits vous déclamiez contre elle,
Que de tous vos chagrins vous lui fassiez querelle,

Et, sur son méchant goût lui faisant son procès,
N'accusiez que lui seul de vos méchants succès.
Permettez-moi, monsieur Trissotin, de vous dire,
Avec tout le respect que votre nom m'inspire,
Que vous feriez fort bien, vos confrères et vous,
De parler de la cour d'un ton un peu plus doux ;
Qu'à le bien prendre au fond, elle n'est pas si bête
Que, vous autres messieurs, vous vous mettez en tête ;
Qu'elle a du sens commun pour se connaître à tout ;
Que chez elle on se peut former quelque bon goût ;
Et que l'esprit du monde y vaut, sans flatterie,
Tout le savoir obscur de la pédanterie.

TRISSOTIN.

De son bon goût, monsieur, nous voyons des effets.

CLITANDRE.

Où voyez-vous, monsieur, qu'elle l'ait si mauvais ?

TRISSOTIN.

Ce que je vois, monsieur ? C'est que pour la science
Rasius et Baldus font honneur à la France,
Et que tout leur mérite, exposé fort au jour,
N'attire point les yeux et les dons de la cour.

CLITANDRE.

Je vois votre chagrin, et que, par modestie,
Vous ne vous mettez point, monsieur, de la partie.
Et, pour ne vous point mettre aussi dans le propos,
Que font-ils pour l'état, vos habiles héros ?
Qu'est-ce que leurs écrits lui rendent de service,
Pour accuser la cour d'une horrible injustice,
Et se plaindre en tous lieux que sur leurs doctes noms
Elle manque à verser la faveur de ses dons ?

Leur savoir à la France est beaucoup nécessaire !
Et des livres qu'ils font la cour a bien affaire !
Il semble à trois gredins, dans leur petit cerveau,
Que, pour être imprimés et reliés en veau,
Les voilà dans l'état d'importantes personnes ;
Qu'avec leur plume ils font les destins des couronnes ;
Qu'au moindre petit bruit de leurs productions,
Ils doivent voir chez eux voler les pensions ;
Que sur eux l'univers a la vue attachée ;
Que par-tout de leur nom la gloire est épanchée ;
Et qu'en science ils sont des prodiges fameux,
Pour savoir ce qu'ont dit les autres avant eux,
Pour avoir eu trente ans des yeux et des oreilles,
Pour avoir employé neuf ou dix milles veilles
A se bien barbouiller de grec et de latin,
Et se charger l'esprit d'un ténébreux butin
De tous les vieux fatras qui traînent dans les livres :
Gens qui de leur savoir paraissent toujours ivres ;
Riches, pour tout mérite, en babil importun,
Inhabiles à tout, vides de sens commun,
Et pleins d'un ridicule et d'une impertinence
A décrier par-tout l'esprit et la science.

PHILAMINTE.

Votre chaleur est grande ; et cet emportement
De la nature en vous marque le mouvement.
C'est le nom de rival qui dans votre ame excite

## SCÈNE IV.

TRISSOTIN, PHILAMINTE, CLITANDRE,
ARMANDE, JULIEN.

JULIEN.
Le savant qui tantôt vous a rendu visite,
Et de qui j'ai l'honneur de me voir le valet,
Madame, vous exhorte à lire ce billet.

PHILAMINTE.
Quelque important que soit ce qu'on veut que je lise,
Apprenez, mon ami, que c'est une sottise
De se venir jeter au travers d'un discours,
Et qu'aux gens d'un logis il faut avoir recours,
Afin de s'introduire en valet qui sait vivre.

JULIEN.
Je noterai cela, madame, dans mon livre.

PHILAMINTE.
« Trissotin s'est vanté, madame, qu'il épouserait
« votre fille. Je vous donne avis que sa philosophie
« n'en veut qu'à vos richesses, et que vous ferez
« bien de ne point conclure ce mariage que vous
« n'ayez vu le poëme que je compose contre lui.
« En attendant cette peinture, où je prétends vous
« le dépeindre de toutes ses couleurs, je vous envoie
« Horace, Virgile, Térence, et Catulle, où vous
« verrez notés en marge tous les endroits qu'il a
« pillés. »

Voilà sur cet hymen que je me suis promis
Un mérite attaqué de beaucoup d'ennemis;

Et ce déchaînement aujourd'hui me convie
A faire une action qui confonde l'envie,
Qui lui fasse sentir que l'effort qu'elle fait
De ce qu'elle veut rompre aura pressé l'effet.
    (à Julien.)
Reportez tout cela sur l'heure à votre maître ;
Et lui dites qu'afin de lui faire connaître
Quel grand état je fais de ses nobles avis,
Et comme je les crois dignes d'être suivis,
        (montrant Trissotin.)
Dès ce soir à monsieur je marierai ma fille.

## SCÈNE V.

### PHILAMINTE, ARMANDE, CLITANDRE.

PHILAMINTE, à Clitandre.

Vous, monsieur, comme ami de toute la famille
A signer leur contrat vous pourrez assister ;
Et je vous y veux bien de ma part inviter.
Armande, prenez soin d'envoyer au notaire,
Et d'aller avertir votre sœur de l'affaire.

ARMANDE.

Pour avertir ma sœur, il n'en est pas besoin ;
Et monsieur que voilà saura prendre le soin
De courir lui porter bientôt cette nouvelle,
Et disposer son cœur à vous être rebelle.

PHILAMINTE.

Nous verrons qui sur elle aura plus de pouvoir,
Et si je la saurai réduire à son devoir.

## SCÈNE VI.
### ARMANDE, CLITANDRE.

ARMANDE.
J'ai grand regret, monsieur, de voir qu'à vos visées
Les choses ne soient pas tout-à-fait disposées.

CLITANDRE.
Je m'en vais travailler, madame, avec ardeur,
A ne vous point laisser ce grand regret au cœur.

ARMANDE.
J'ai peur que votre effort n'ait pas trop bonne issue.

CLITANDRE.
Peut-être verrez-vous votre crainte déçue.

ARMANDE.
Je le souhaite ainsi.

CLITANDRE.
J'en suis persuadé,
Et que de votre appui je serai secondé.

ARMANDE.
Oui, je vais vous servir de toute ma puissance.

CLITANDRE.
Et ce service est sûr de ma reconnaissance.

## SCÈNE VII.
### CHRYSALE, ARISTE, HENRIETTE, CLITANDRE.

CLITANDRE.
Sans votre appui, monsieur, je serai malheureux.

Madame votre femme a rejeté mes vœux ;
Et son cœur prévenu veut Trissotin pour gendre.

CHRYSALE.
Mais quelle fantaisie a-t-elle donc pu prendre?
Pourquoi diantre vouloir ce monsieur Trissotin?

ARISTE.
C'est par l'honneur qu'il a de rimer à latin
Qu'il a sur son rival emporté l'avantage.

CLITANDRE.
Elle veut dès ce soir faire ce mariage.

CHRYSALE.
Dès ce soir?

CLITANDRE.
Dès ce soir.

CHRYSALE.
Et dès ce soir je veux,
Pour la contrecarrer, vous marier vous deux.

CLITANDRE.
Pour dresser le contrat, elle envoie au notaire.

CHRYSALE.
Et je vais le quérir pour celui qu'il doit faire.

CLITANDRE, *montrant Henriette*.
Et madame doit être instruite par sa sœur
De l'hymen où l'on veut qu'elle apprête son cœur.

CHRYSALE.
Et moi, je lui demande avec pleine puissance
De préparer sa main à cette autre alliance.
Ah! je leur ferai voir si, pour donner la loi,
Il est dans ma maison d'autre maître que moi.

## ACTE IV, SCÈNE VIII.

(*à Henriette.*)

Nous allons revenir, songez à nous attendre.
Allons, suivez mes pas, mon frère, et vous, mon gendre.

### HENRIETTE, à Ariste.

Hélas! dans cette humeur conservez-le toujours.

### ARISTE.

J'emploierai toute chose à servir vos amours.

## SCÈNE VIII.

### HENRIETTE, CLITANDRE.

#### CLITANDRE.

Quelque secours puissant qu'on promette à ma flamme,
Mon plus solide espoir, c'est votre cœur, madame.

#### HENRIETTE.

Pour mon cœur, vous pouvez vous assurer de lui.

#### CLITANDRE.

Je ne puis qu'être heureux quand j'aurai son appui.

#### HENRIETTE.

Vous voyez à quels nœuds on prétend le contraindre.

#### CLITANDRE.

Tant qu'il sera pour moi, je ne vois rien à craindre.

#### HENRIETTE.

Je vais tout essayer pour nos vœux les plus doux;

Et si tous mes efforts ne me donnent à vous,
Il est une retraite où notre ame se donne,
Qui m'empêchera d'être à toute autre personne.

CLITANDRE.

Veuille le juste ciel me garder en ce jour
De recevoir de vous cette preuve d'amour!

FIN DU QUATRIÈME ACTE.

## ACTE CINQUIÈME.

### SCÈNE I.

### HENRIETTE, TRISSOTIN.

#### HENRIETTE.

C'EST sur le mariage où ma mère s'apprête
Que j'ai voulu, monsieur, vous parler tête à tête;
Et j'ai cru, dans le trouble où je vois la maison,
Que je pourrais vous faire écouter la raison.
Je sais qu'avec mes vœux vous me jugez capable
De vous porter en dot un bien considérable.
Mais l'argent, dont on voit tant de gens faire cas,
Pour un vrai philosophe a d'indignes appas;
Et le mépris du bien et des grandeurs frivoles
Ne doit point éclater dans vos seules paroles.

#### TRISSOTIN.

Aussi n'est-ce point là ce qui me charme en vous;
Et vos brillants attraits, vos yeux perçants et doux,
Votre grâce et votre air, sont les biens, les richesses,
Qui vous ont attiré mes vœux et mes tendresses :
C'est de ces seuls trésors que je suis amoureux.

#### HENRIETTE.

Je suis fort redevable à vos feux généreux.
Cet obligeant amour a de quoi me confondre;
Et j'ai regret, monsieur, de n'y pouvoir répondre.

Je vous estime autant qu'on saurait estimer ;
Mais je trouve un obstacle à vous pouvoir aimer.
Un cœur, vous le savez, à deux ne saurait être ;
Et je sens que du mien Clitandre s'est fait maître.
Je sais qu'il a bien moins de mérite que vous,
Que j'ai de méchants yeux pour le choix d'un époux,
Que par cent beaux talents vous devriez me plaire ;
Je vois bien que j'ai tort, mais je n'y puis que faire ;
Et tout ce que sur moi peut le raisonnement,
C'est de me vouloir mal d'un tel aveuglement.

TRISSOTIN.

Le don de votre main, où l'on me fait prétendre,
Me livrera ce cœur que possède Clitandre ;
Et par mille doux soins j'ai lieu de présumer
Que je pourrai trouver l'art de me faire aimer.

HENRIETTE.

Non ; à ses premiers vœux mon ame est attachée,
Et ne peut de vos soins, monsieur, être touchée.
Avec vous librement j'ose ici m'expliquer ;
Et mon aveu n'a rien qui vous doive choquer.
Cette amoureuse ardeur qui dans les cœurs s'excite
N'est point, comme l'on sait, un effet du mérite :
Le caprice y prend part ; et quand quelqu'un nous plaît,
Souvent nous avons peine à dire pourquoi c'est.
Si l'on aimait, monsieur, par choix et par sagesse,
Vous auriez tout mon cœur et toute ma tendresse ;
Mais on voit que l'amour se gouverne autrement.
Laissez-moi, je vous prie, à mon aveuglement.
Et ne vous servez point de cette violence

## ACTE V, SCÈNE I.

ue pour vous on veut faire à mon obéissance.
Quand on est honnête homme, on ne veut rien devoir
A ce que des parents ont sur nous de pouvoir;
On répugne à se faire immoler ce qu'on aime,
Et l'on veut n'obtenir un cœur que de lui-même.
Ne poussez point ma mère à vouloir, par son choix,
Exercer sur mes vœux la rigueur de ses droits.
Otez-moi votre amour, et portez à quelque autre
Les hommages d'un cœur aussi cher que le vôtre.

### TRISSOTIN.

Le moyen que ce cœur puisse vous contenter ?
Imposez-lui des lois qu'il puisse exécuter.
De ne vous point aimer peut-il être capable,
A moins que vous cessiez, madame, d'être aimable,
Et d'étaler aux yeux les célestes appas...?

### HENRIETTE.

Hé ! monsieur, laissons là ce galimatias.
Vous avez tant d'Iris, de Philis, d'Amarantes,
Que par-tout dans vos vers vous peignez si charmantes
Et pour qui vous jurez tant d'amoureuse ardeur...

### TRISSOTIN.

C'est mon esprit qui parle, et ce n'est pas mon cœur.
D'elles on ne me voit amoureux qu'en poète;
Mais j'aime tout de bon l'adorable Henriette.

### HENRIETTE.

Hé ! de grâce, monsieur....

### TRISSOTIN.

Si c'est vous offenser,
Mon offense envers vous n'est pas prête à cesser.
Cette ardeur, jusqu'ici de vos yeux ignorée,

Vous consacre des vœux d'éternelle durée.
Rien n'en peut arrêter les aimables transports;
Et bien que vos beautés condamnent mes efforts,
Je ne puis refuser le secours d'une mère
Qui prétend couronner une flamme si chère;
Et, pourvu que j'obtienne un bonheur si charmant,
Pourvu que je vous aie, il n'importe comment.
             HENRIETTE.
Mais, savez-vous qu'on risque un peu plus qu'on ne
    pense
A vouloir sur un cœur user de violence;
Qu'il ne fait pas bien sûr, à vous le trancher net,
D'épouser une fille en dépit qu'elle en ait;
Et qu'elle peut aller, en se voyant contraindre,
A des ressentiments que le mari doit craindre?
             TRISSOTIN.
Un tel discours n'a rien dont je sois altéré;
A tous événements le sage est préparé.
Guéri par la raison des faiblesses vulgaires,
Il se met au-dessus de ces sortes d'affaires,
Et n'a garde de prendre aucune ombre d'ennui
De tout ce qui n'est pas pour dépendre de lui.
             HENRIETTE.
En vérité, monsieur, je suis de vous ravie;
Et je ne pensais pas que la philosophie
Fût si belle qu'elle est, d'instruire ainsi les gens
A porter constamment de pareils accidents.
Cette fermeté d'âme, à vous si singulière,
Mérite qu'on lui donne une illustre matière,
Est digne de trouver qui prenne avec amour

## ACTE V, SCÈNE II.

Les soins continuels de la mettre en son jour;
Et comme, à dire vrai, je n'oserais me croire
Bien propre à lui donner tout l'éclat de sa gloire,
Je le laisse à quelque autre, et vous jure, entre nous,
Que je renonce au bien de vous voir mon époux.

TRISSOTIN, *en sortant.*

Nous allons voir bientôt comment ira l'affaire;
Et l'on a là-dedans fait venir le notaire.

## SCÈNE II.

CHRYSALE, CLITANDRE, HENRIETTE, MARTINE.

CHRYSALE.

Ah! ma fille, je suis bien aise de vous voir;
Allons, venez-vous-en faire votre devoir,
Et soumettez vos vœux aux volontés d'un père.
Je veux, je veux apprendre à vivre à votre mère;
Et, pour la mieux braver, voilà, malgré ses dents,
Martine que j'amène et rétablis céans.

HENRIETTE.

Vos résolutions sont dignes de louange;
Gardez que cette humeur, mon père, ne vous change;
Soyez ferme à vouloir ce que vous souhaitez;
Et ne vous laissez point séduire à vos bontés.
Ne vous relâchez pas, et faites bien en sorte
D'empêcher que sur vous ma mère ne l'emporte.

CHRYSALE.

Comment! me prenez-vous ici pour un benêt?

HENRIETTE.

M'en préserve le ciel!

CHRYSALE.

Suis-je un fat, s'il vous plaît?

HENRIETTE.

Je ne dis pas cela.

CHRYSALE.

Me croit-on incapable
Des fermes sentiments d'un homme raisonnable?

HENRIETTE.

Non, mon père.

CHRYSALE.

Est-ce donc qu'à l'âge où je me vo
Je n'aurais pas l'esprit d'être maître chez moi?

HENRIETTE.

Si fait.

CHRYSALE.

Et que j'aurais cette faiblesse d'âme
De me laisser mener par le nez à ma femme?

HENRIETTE.

Hé! non, mon père.

CHRYSALE.

Ouais! Qu'est-ce donc que ceci
Je vous trouve plaisante à me parler ainsi.

HENRIETTE.

Si je vous ai choqué, ce n'est pas mon envie.

CHRYSALE.

Ma volonté céans doit être en tout suivie.

HENRIETTE.

Fort bien, mon père.

## ACTE V, SCÈNE II.

CHRYSALE.
Aucun, hors moi, dans la maison
N'a droit de commander.
HENRIETTE.
Oui, vous avez raison.
CHRYSALE.
C'est moi qui tiens le rang de chef de la famille.
HENRIETTE.
D'accord.
CHRYSALE.
C'est moi qui dois disposer de ma fille.
HENRIETTE.
Hé! oui.
CHRYSALE.
Le ciel me donne un plein pouvoir sur vous.
HENRIETTE.
Qui vous dit le contraire ?
CHRYSALE.
Et, pour prendre un époux,
Je vous ferai bien voir que c'est à votre père
Qu'il vous faut obéir, non pas à votre mère.
HENRIETTE.
Hélas ! vous flattez là les plus doux de mes vœux ;
Veuillez être obéi, c'est tout ce que je veux.
CHRYSALE.
Nous verrons si ma femme à mes désirs rebelle...
CLITANDRE.
La voici qui conduit le notaire avec elle.
CHRYSALE.
Secondez-moi bien tous.

MARTINE.
Laissez-moi : j'aurai soin
De vous encourager, s'il en est de besoin.

## SCÈNE III.

PHILAMINTE, CHRYSALE, TRISSOTIN, BÉLISE, CLITANDRE, HENRIETTE, ARMANDE, MARTINE, UN NOTAIRE.

PHILAMINTE, *au notaire.*
Vous ne sauriez changer votre style sauvage,
Et nous faire un contrat qui soit en beau langage ?
LE NOTAIRE.
Notre style est très-bon ; et je serais un sot,
Madame, de vouloir y changer un seul mot.
BÉLISE.
Ah ! quelle barbarie au milieu de la France !
Mais au moins, en faveur, monsieur, de la science,
Veuillez, au lieu d'écus, de livres et de francs,
Nous exprimer la dot en mines et talents,
Et dater par les mots d'ides et de calendes.
LE NOTAIRE.
Moi ? Si j'allais, madame, accorder vos demandes,
Je me ferais siffler de tous mes compagnons.
PHILAMINTE.
De cette barbarie en vain nous nous plaignons.
Allons, monsieur, prenez la table pour écrire.
 (*apercevant Martine.*)
Ah ! ah ! cette impudente ose encor se produire !
Pourquoi donc, s'il vous plaît, la ramener chez moi ?

## ACTE V, SCÈNE III.

CHRYSALE.

Tantôt avec loisir, on vous dira pourquoi :
Nous avons maintenant autre chose à conclure.

LE NOTAIRE.

Procédons au contrat. Où donc est la future ?

PHILAMINTE.

Celle que je marie est la cadette.

LE NOTAIRE.

Bon.

CHRYSALE, *montrant Henriette.*

Oui, la voilà, monsieur : Henriette est son nom.

LE NOTAIRE.

Fort bien. Et le futur ?

PHILAMINTE, *montrant Trissotin.*

L'époux que je lui donne
Est monsieur.

CHRYSALE, *montrant Clitandre.*

Et celui, moi, qu'en propre personne
Je prétends qu'elle épouse, est monsieur.

LE NOTAIRE.

Deux époux !
C'est trop pour la coutume.

PHILAMINTE, *au notaire.*

Où vous arrêtez-vous ?
Mettez, mettez monsieur Trissotin pour mon
  gendre.

CHRYSALE.

Pour mon gendre, mettez, mettez monsieur Clitandre.

LE NOTAIRE.

Mettez-vous donc d'accord; et, d'un jugement mûr,
Voyez à convenir entre vous du futur.

PHILAMINTE.

Suivez, suivez, monsieur, le choix où je m'arrête.

CHRYSALE.

Faites, faites, monsieur, les choses à ma tête.

LE NOTAIRE.

Dites-moi donc à qui j'obéirai des deux.

PHILAMINTE, *à Chrysale.*

Quoi donc! vous combattrez les choses que je veux!

CHRYSALE.

Je ne saurais souffrir qu'on ne cherche ma fille
Que pour l'amour du bien qu'on voit dans ma famille.

PHILAMINTE.

Vraiment à votre bien on songe bien ici!
Et c'est là, pour un sage, un fort digne souci!

CHRYSALE.

Enfin pour son époux j'ai fait choix de Clitandre.

PHILAMINTE, *montrant Trissotin.*

Et moi pour son époux voici qui je veux prendre.
Mon choix sera suivi, c'est un point résolu.

CHRYSALE.

Ouais! vous le prenez là d'un ton bien absolu.

MARTINE.

Ce n'est point à la femme à prescrire, et je sommes
Pour céder le dessus en toute chose aux hommes.

CHRYSALE.

C'est bien dit.

### ACTE V, SCÈNE III.

MARTINE.
Mon congé cent fois me fût-il hoc,
La poule ne doit point chanter devant le coq.

CHRYSALE.
Sans doute.

MARTINE.
Et nous voyons que d'un homme on se gausse,
Quand sa femme chez lui porte le haut-de-chausse.

CHRYSALE.
Il est vrai.

MARTINE.
Si j'avais un mari, je le dis,
Je voudrais qu'il se fît le maître du logis.
Je ne l'aimerais point s'il faisait le jocrisse ;
Et, si je contestais contre lui par caprice,
Si je parlais trop haut, je trouverais fort bon
Qu'avec quelques soufflets il rabaissât mon ton.

CHRYSALE.
C'est parler comme il faut.

MARTINE.
Monsieur est raisonnable
De vouloir pour sa fille un mari convenable.

CHRYSALE.
Oui.

MARTINE.
Par quelle raison, jeune et bien fait qu'il est,
Lui refuser Clitandre ? Et pourquoi, s'il vous plaît,
Lui bailler un savant qui sans cesse épilogue ?
Il lui faut un mari, non pas un pédagogue ;
Et, ne voulant savoir le grais ni le latin,

Elle n'a pas besoin de monsieur Trissotin.
#### CHRYSALE.
Fort bien.
#### PHILAMINTE.
Il faut souffrir qu'elle jase à son aise.
#### MARTINE.
Les savants ne sont bons que pour prêcher en chaise ;
Et pour mon mari, moi, mille fois je l'ai dit,
Je ne voudrais jamais prendre un homme d'esprit.
L'esprit n'est point du tout ce qu'il faut en ménage.
Les livres quadrent mal avec le mariage ;
Et je veux, si jamais on engage ma foi,
Un mari qui n'ait point d'autre livre que moi,
Qui ne sache A ne B, n'en déplaise à madame,
Et ne soit, en un mot, docteur que pour sa femme.
#### PHILAMINTE, *à Chrysale.*
Est-ce fait ? Et sans trouble ai-je assez écouté
Votre digne interprète ?
#### CHRYSALE.
Elle a dit vérité.
#### PHILAMINTE.
Et moi, pour trancher court toute cette dispute,
Il faut qu'absolument mon désir s'exécute.
( *montrant Trissotin.* )
Henriette et monsieur seront joints de ce pas :
Je l'ai dit, je le veux ; ne me répliquez pas.
Et si votre parole à Clitandre est donnée,
Offrez-lui le parti d'épouser son aînée.
#### CHRYSALE.
Voilà dans cette affaire un accommodement.

ACTE V, SCÈNE IV.

*( à Henriette et à Clitandre.)*
Voyez, y donnez-vous votre consentement ?

HENRIETTE.

Hé ! mon père...

CLITANDRE, *à Chrysale.*

Hé ! monsieur...

BÉLISE.

On pourrait bien lui faire
Des propositions qui pourraient mieux lui plaire :
Mais nous établissons une espèce d'amour
Qui doit être épuré comme l'astre du jour ;
La substance qui pense y peut être reçue,
Mais nous en bannissons la substance étendue.

## SCÈNE IV.

ARISTE, CHRYSALE, PHILAMINTE, BÉLISE, HENRIETTE, ARMANDE, TRISSOTIN, UN NOTAIRE, CLITANDRE, MARTINE.

ARISTE.

J'ai regret de troubler un mystère joyeux
Par le chagrin qu'il faut que j'apporte en ces lieux.
Ces deux lettres me font porteur de deux nouvelles
Dont j'ai senti pour vous les atteintes cruelles.
*( à Philaminte.)*
L'une, pour vous, me vient de votre procureur.
*( à Chrysale.)*
L'autre, pour vous, me vient de Lyon.

PHILAMINTE.

Quel malheur
Digne de nous troubler pourrait-on nous écrire?

ARISTE.

Cette lettre en contient un que vous pouvez lire.

PHILAMINTE.

« Madame, j'ai prié monsieur votre frère de
« vous rendre cette lettre, qui vous dira ce que je
« n'ai osé vous aller dire. La grande négligence que
« vous avez pour vos affaires a été cause que le
« clerc de votre rapporteur ne m'a point averti, et
« vous avez perdu absolument votre procès, que
« vous deviez gagner. »

CHRYSALE, à Philaminte.

Votre procès perdu!

PHILAMINTE, à Chrysale.

Vous vous troublez beaucoup;
Mon cœur n'est point du tout ébranlé de ce coup.
Faites, faites paraître une ame moins commune
A braver, comme moi, les traits de la fortune.
« Le peu de soin que vous avez vous coûte qua-
« rante mille écus; et c'est à payer cette somme
« avec les dépens, que vous êtes condamnée par
« arrêt de la cour. »
Condamnée? Ah! ce mot est choquant, et n'est fait
Que pour les criminels.

ARISTE.

Il a tort en effet;
Et vous vous êtes là justement récriée.
Il devait avoir mis que vous êtes priée,

## ACTE V, SCÈNE IV.

Par arrêt de la cour, de payer au plutôt
Quarante mille écus, et les dépens qu'il faut.

PHILAMINTE.

Voyons l'autre.

CHRYSALE.

« Monsieur, l'amitié qui me lie à monsieur votre
« frère me fait prendre intérêt à tout ce qui vous
« touche. Je sais que vous avez mis votre bien
« entre les mains d'Argante et de Damon, et je
« vous donne avis qu'en même jour ils ont fait
« tous deux banqueroute. »
O ciel! tout-à-la-fois perdre ainsi tout son bien!

PHILAMINTE, à Chrysale.

Ah! quel honteux transport! Fi! tout cela n'est rien.
Il n'est, pour le vrai sage, aucun revers funeste;
Et, perdant toute chose, à soi-même il se reste.
Achevons notre affaire, et quittez votre ennui.
(montrant Trissotin.)
Son bien nous peut suffire et pour nous et pour lui.

TRISSOTIN.

Non, madame, cessez de presser cette affaire.
Je vois qu'à cet hymen tout le monde est contraire;
Et mon dessein n'est point de contraindre les gens.

PHILAMINTE.

Cette réflexion vous vient en peu de temps;
Elle suit de bien près, monsieur, notre disgrâce.

TRISSOTIN.

De tant de résistance à la fin je me lasse.
J'aime mieux renoncer à tout cet embarras,
Et ne veux point d'un cœur qui ne se donne pas.

## PHILAMINTE.

Je vois, je vois de vous, non pas pour votre gloire,
Ce que, jusques ici, j'ai refusé de croire.

## TRISSOTIN.

Vous pouvez voir de moi tout ce que vous voudrez,
Et je regarde peu comment vous le prendrez;
Mais je ne suis point homme à souffrir l'infamie
Des refus offensants qu'il faut qu'ici j'essuie.
Je vaux bien que de moi l'on fasse plus de cas;
Et je baise les mains à qui ne me veut pas.

## SCÈNE V.

ARISTE, CHRYSALE, PHILAMINTE, BELISE, ARMANDE, HENRIETTE, CLITANDRE, UN NOTAIRE, MARTINE.

## PHILAMINTE.

Qu'il a bien découvert son ame mercenaire!
Et que peu philosophe est ce qu'il vient de faire!

## CLITANDRE.

Je ne me vante point de l'être: mais enfin
Je m'attache, madame, à tout votre destin;
Et j'ose vous offrir, avecque ma personne,
Ce qu'on sait que de bien la fortune me donne.

## PHILAMINTE.

Vous me charmez, monsieur, par ce trait généreux;
Et je veux couronner vos désirs amoureux.
Oui, j'accorde Henriette à l'ardeur empressée...

## HENRIETTE.

Non, ma mère; je change à présent de pensée.

## ACTE V, SCÈNE V.

Souffrez que je résiste à votre volonté.
### CLITANDRE.
Quoi! vous vous opposez à ma félicité!
Et lorsqu'à mon amour je vois chacun se rendre...
### HENRIETTE.
Je sais le peu de bien que vous avez, Clitandre;
Et je vous ai toujours souhaité pour époux,
Lorsqu'en satisfaisant à mes vœux les plus doux
J'ai vu que mon hymen ajustait vos affaires :
Mais lorsque nous avons les destins si contraires,
Je vous chéris assez dans cette extrémité
Pour ne vous charger point de notre adversité.
### CLITANDRE.
Tout destin avec vous me peut être agréable ;
Tout destin me serait sans vous insupportable.
### HENRIETTE.
L'amour, dans son transport, parle toujours ainsi.
Des retours importuns évitons le souci.
Rien n'use tant l'ardeur de ce nœud qui nous lie,
Que les fâcheux besoins des choses de la vie ;
Et l'on en vient souvent à s'accuser tous deux
De tous les noirs chagrins qui suivent de tels feux.
### ARISTE, *à Henriette.*
N'est-ce que le motif que nous venons d'entendre
Qui vous fait résister à l'hymen de Clitandre?
### HENRIETTE.
Sans cela, vous verriez tout mon cœur y courir;
Et je ne fuis sa main que pour le trop chérir.
### ARISTE.
Laissez-vous donc lier par des chaînes si belles.

Je ne vous ai porté que de fausses nouvelles ;
Et c'est un stratagême, un surprenant secours,
Que j'ai voulu tenter pour servir vos amours,
Pour détromper ma sœur, et lui faire connaître
Ce que son philosophe à l'essai pouvait être.

CHRYSALE.

Le ciel en soit loué !

PHILAMINTE.

J'en ai la joie au cœur
Par le chagrin qu'aura ce lâche déserteur.
Voilà le châtiment de sa basse avarice,
De voir qu'avec éclat cet hymen s'accomplisse.

CHRYSALE, *à Clitandre.*

Je le savais bien, moi, que vous l'épouseriez.

ARMANDE, *à Philaminte.*

Ainsi donc à leurs vœux vous me sacrifiez ?

PHILAMINTE.

Ce ne sera point vous que je leur sacrifie ;
Et vous avez l'appui de la philosophie
Pour voir d'un œil content couronner leur ardeur.

BÉLISE.

Qu'il prenne garde au moins que je suis dans son cœur :
Par un prompt désespoir souvent on se marie,
Qu'on s'en repent après, tout le temps de sa vie.

CHRYSALE, *au notaire.*

Allons, monsieur, suivez l'ordre que j'ai prescrit,
Et faites le contrat ainsi que je l'ai dit.

FIN DES FEMMES SAVANTES.

# LE MALADE IMAGINAIRE,

## COMÉDIE-BALLET

### EN TROIS ACTES.

1673.

## PERSONNAGES DE LA COMÉDIE.

ARGAN, malade imaginaire.
BÉLINE, seconde femme d'Argan.
ANGÉLIQUE, fille d'Argan.
LOUISON, petite fille, sœur d'Angélique.
BÉRALDE, frère d'Argan.
CLÉANTE, amant d'Angélique.
MONSIEUR DIAFOIRUS, médecin.
THOMAS DIAFOIRUS, fils de M. Diafoirus.
MONSIEUR PURGON, médecin.
MONSIEUR FLEURANT, apothicaire.
MONSIEUR DE BONNEFOI, notaire.
TOINETTE, servante d'Argan.

## PERSONNAGES DE L'INTERMÈDE.

TAPISSIERS dansants.
LE PRÉSIDENT de la faculté de médecine.
DOCTEURS.
ARGAN, bachelier.
APOTHICAIRES avec leurs mortiers et leurs pilons.
PORTE-SERINGUES.
CHIRURGIENS.

*La scène est à Paris.*

# LE MALADE IMAGINAIRE,

## COMÉDIE - BALLET.

## ACTE PREMIER.

*Le théâtre représente la chambre d'Argan.*

### SCÈNE I.

ARGAN *assis, ayant une table devant lui, comptant avec des jetons les parties de son apothicaire.*

Trois et deux font cinq, et cinq font dix, et dix font vingt. Trois et deux font cinq. *Plus, du vingt-quatrième, un petit clystère insinuatif, préparatif et rémollient, pour amollir, humecter et rafraîchir les entrailles de monsieur....* Ce qui me plaît de M. Fleurant, mon apothicaire, c'est que ses parties sont toujours fort civiles. *Les entrailles de monsieur, trente sous.* Oui : mais, monsieur Fleurant, ce n'est pas tout que d'être civil, il faut être aussi raisonnable, et ne pas écorcher les malades. Trente sous un lavement ! Je suis votre serviteur, je vous l'ai déjà dit; vous ne me les avez mis dans les autres parties qu'à vingt sous, et vingt sous en langage d'apothicaire, c'est-à-dire dix sous. Les voilà, dix sous. *Plus, dudit jour, un bon clystère détersif, composé avec catholicon double, rhubarbe, miel rosat, et autres, suivant l'ordonnance, pour balayer, laver et nettoyer le bas ventre de monsieur, trente sous.* Avec votre permission, dix sous. *Plus, dudit jour, le soir, un julep hépatique, soporatif, somnifère, composé pour faire dormir monsieur, trente-cinq sous.* Je ne me plains pas de celui-là, car il me fit bien dormir. Dix, quinze, seize et dix-sept sous six deniers. *Plus, du vingt-cinquième, une bonne médecine purgative et corroborative, composée de casse récente avec séné levantin, et autres, suivant l'ordonnance de monsieur Purgon, pour expulser et évacuer la bile de monsieur, quatre livres.* Ah ! monsieur Fleurant, c'est se moquer; il faut vivre avec les malades. Monsieur Purgon ne vous a pas ordonné de mettre quatre francs : mettez, mettez trois livres, s'il vous plaît. Vingt et trente sous. *Plus, dudit jour, une potion anodyne et astringente pour faire reposer monsieur, trente sous.* Bon, dix et quinze sous. *Plus, du vingt-sixième, un clystère carminatif, pour chasser les*

## ACTE I, SCÈNE I.

vents de monsieur, trente sous. Dix sous., monsieur Fleurant. *Plus, le clystère de monsieur, réitéré le soir, comme dessus, trente sous.* Monsieur Fleurant, dix sous. *Plus, du vingt-septième, une bonne médecine, composée pour hâter d'aller, et chasser dehors les mauvaises humeurs de monsieur, trois livres.* Bon, vingt et trente sous ; je suis bien aise que vous soyez raisonnable. *Plus, du vingt-huitième, une prise de petit lait clarifié et dulcoré, pour adoucir, lénifier, tempérer et rafraîchir le sang de monsieur, vingt sous.* Bon, dix sous. *Plus, une potion cordiale et préservative, composée avec douze grains de bézoard, syrop de limon et grenade, et autres, suivant l'ordonnance, cinq livres.* Ah ! monsieur Fleurant, tout doux, s'il vous plaît ; si vous en usez comme cela, on ne voudra plus être malade : contentez-vous de quatre francs. Et vingt et quarante sous. Trois et deux font cinq, et cinq font dix, et dix font vingt. Soixante et trois livres quatre sous six deniers. Si bien donc que, de ce mois, j'ai pris une, deux, trois, quatre, cinq, six, sept, huit médecines; et un, deux, trois, quatre, cinq, six, sept, huit, neuf, dix, onze et douze lavements ; et l'autre mois il y avait douze médecines et vingt lavements. Je ne m'étonne pas, si je ne me porte pas si bien ce mois-ci que l'autre. Je le dirai à monsieur Purgon, afin qu'il mette ordre à cela. Allons, qu'on m'ôte tout ceci. (*voyant que personne ne vient, et qu'il n'y a aucun de ses gens dans sa chambre.*) Il n'y a personne? J'ai beau dire, on me laisse toujours seul; il n'y a pas moyen de les arrêter ici. (*après avoir sonné une sonnette qui est sur sa table.*) Ils n'entendent point, et ma sonnette ne fait pas assez de bruit. (*après avoir sonné pour la deuxième fois.*) Point d'affaire. (*après avoir sonné encore.*) Ils sont sourds. Toinette! (*après avoir fait le plus de bruit qu'il peut avec sa sonnette.*) Tout comme si je ne sonnais point. Chienne! coquine! (*voyant qu'il sonne encore inutilement.*) J'enrage. Drelin, drelin, drelin. Carogne, à tous les diables! Est-il possible qu'on laisse comme cela un pauvre malade tout seul? Drelin, drelin, drelin. Voilà qui est pitoyable! Drelin, drelin, drelin. Ah! mon dieu! Ils me laisseront ici mourir. Drelin, drelin, drelin.

## SCÈNE II.

### ARGAN, TOINETTE.

#### TOINETTE, *en entrant*.

On y va.

#### ARGAN.

Ah! chienne! Ah! carogne!...

#### TOINETTE, *faisant semblant de s'être cogné la tête*.

Diantre soit de votre impatience! Vous pressez si fort les personnes, que je me suis donné un grand coup à la tête contre la carne d'un volet.

## ACTE I, SCÈNE II.

ARGAN, *en colère.*

Ah! traîtresse!

TOINETTE, *interrompant Argan.*

Ah!

ARGAN.

Il y a....

TOINETTE.

Ah!

ARGAN.

Il y a une heure....

TOINETTE.

Ah!

ARGAN.

Tu m'as laissé...,

TOINETTE.

Ah!

ARGAN.

Tais-toi donc, coquine, que je te querelle.

TOINETTE.

Çà-mon, ma foi, j'en suis d'avis, après ce que je me suis fait.

ARGAN.

Tu m'as fait égosiller, carogne.

TOINETTE.

Et vous m'avez fait, vous, casser la tête. L'un vaut bien l'autre : quitte à quitte, si vous voulez.

ARGAN.

Quoi! coquine...

TOINETTE.

Si vous querellez, je pleurerai.

ARGAN.

Me laisser, traîtresse!

TOINETTE, *interrompant encore Argan.*

Ah!

ARGAN.

Chienne, tu veux...

TOINETTE.

Ah!

ARGAN.

Quoi! il faudra encore que je n'aie pas le plaisir de la quereller!

TOINETTE.

Querellez tout votre soûl, je le veux bien.

ARGAN.

Tu m'en empêches, chienne, en m'interrompant à tout coup.

TOINETTE.

Si vous avez le plaisir de quereller, il faut bien que de mon côté j'aie le plaisir de pleurer : chacun le sien, ce n'est pas trop. Ah!

ARGAN.

Allons, il faut en passer par là. Ote-moi ceci, coquine, ôte-moi ceci. (*après s'être levé.*) Mon lavement d'aujourd'hui a-t-il bien opéré?

TOINETTE.

Votre lavement?

ARGAN.

Oui. Ai-je bien fait de la bile?

TOINETTE.

Ma foi, je ne me mêle point de ces affaires-là.

C'est à monsieur Fleurant à y mettre le nez, puisqu'il en a le profit.
### ARGAN.
Qu'on ait soin de me tenir un bouillon prêt, pour l'autre que je dois tantôt prendre.
### TOINETTE.
Ce monsieur Fleurant-là et ce monsieur Purgon s'égaient bien sur votre corps : ils ont en vous une bonne vache à lait : et je voudrais bien leur demander quel mal vous avez, pour faire tant de remèdes.
### ARGAN.
Taisez-vous, ignorante; ce n'est pas à vous à contrôler les ordonnances de la médecine. Qu'on me fasse venir ma fille Angélique, j'ai à lui dire quelque chose.
### TOINETTE.
La voici qui vient d'elle-même; elle a deviné votre pensée.

## SCÈNE III.
### ARGAN, ANGELIQUE, TOINETTE.
### ARGAN.
Approchez, Angélique; vous venez à propos, je voulais vous parler.
### ANGÉLIQUE.
Me voilà prête à vous ouïr.
### ARGAN.
Attendez. (*à Toinette.*) Donnez-moi mon bâton, je vais revenir tout-à-l'heure.

TOINETTE.

Allez vîte, monsieur, allez. Monsieur Fleurant nous donne des affaires.

## SCÈNE IV.

### ANGÉLIQUE, TOINETTE.

ANGÉLIQUE.

Toinette!

TOINETTE.

Quoi?

ANGÉLIQUE.

Regarde-moi un peu.

TOINETTE.

Hé bien! je vous regarde.

ANGÉLIQUE.

Toinette!

TOINETTE.

Hé bien! quoi Toinette?

ANGÉLIQUE.

Ne devines-tu point de quoi je veux parler?

TOINETTE.

Je m'en doute assez : de notre jeune amant; car c'est sur lui, depuis six jours, que roulent tous nos entretiens; et vous n'êtes point bien, si vous n'en parlez à toute heure.

ANGÉLIQUE.

Puisque tu connais cela, que n'es-tu donc la première à m'en entretenir? Et que ne m'épargnes-tu la peine de te jeter sur ce discours?

ACTE I, SCÈNE IV.

TOINETTE.

Vous ne m'en donnez pas le temps ; et vous avez des soins, là-dessus, qu'il est difficile de prévenir.

ANGÉLIQUE.

Je l'avoue que je ne saurais me lasser de te parler de lui, et que mon cœur profite avec chaleur de tous les moments de s'ouvrir à toi. Mais, dis-moi, condamnes-tu, Toinette, les sentiments que j'ai pour lui ?

TOINETTE.

Je n'ai garde.

ANGÉLIQUE.

Ai-je tort de m'abandonner à ces douces impressions ?

TOINETTE.

Je ne dis pas cela.

ANGÉLIQUE.

Et voudrais-tu que je fusse insensible aux tendres protestations de cette passion ardente qu'il témoigne pour moi ?

TOINETTE.

A dieu ne plaise !

ANGÉLIQUE.

Dis-moi un peu ; ne trouves-tu pas, comme moi, quelque chose du ciel, quelque effet du destin, dans l'aventure inopinée de notre connaissance ?

TOINETTE.

Oui.

ANGÉLIQUE.

Ne trouves-tu pas que cette action d'embrasser

ma défense sans me connaître est tout-à-fait d'un honnête homme?

TOINETTE.

Oui.

ANGÉLIQUE.

Que l'on ne peut pas en user plus généreusement?

TOINETTE.

D'accord.

ANGÉLIQUE.

Et qu'il fit tout cela de la meilleure grâce du monde?

TOINETTE.

Oh! oui.

ANGÉLIQUE.

Ne trouves-tu pas, Toinette, qu'il est bien fait de sa personne?

TOINETTE.

Assurément.

ANGÉLIQUE.

Qu'il a le meilleur air du monde?

TOINETTE.

Sans doute.

ANGÉLIQUE.

Que ses discours, comme ses actions, ont quelque chose de noble?

TOINETTE.

Cela est sûr.

ANGÉLIQUE.

Qu'on ne peut rien entendre de plus passionné que tout ce qu'il me dit?

## ACTE I, SCÈNE IV.

TOINETTE.

Il est vrai.

ANGÉLIQUE.

Et qu'il n'est rien de plus fâcheux que la contrainte où l'on me tient, qui bouche tout commerce aux doux empressements de cette mutuelle ardeur que le ciel nous inspire ?

TOINETTE.

Vous avez raison.

ANGÉLIQUE.

Mais, ma pauvre Toinette, crois-tu qu'il m'aime tant qu'il me le dit ?

TOINETTE.

Hé ! hé ! ces choses-là, par fois, sont un peu sujettes à caution. Les grimaces d'amour ressemblent fort à la vérité ; et j'ai vu de grands comédiens là-dessus.

ANGÉLIQUE.

Ah ! Toinette, que dis-tu là ? Hélas ! de la façon qu'il parle, serait-il bien possible qu'il ne me dit pas vrai ?

TOINETTE.

En tout cas, vous en serez bientôt éclaircie ; et la résolution où il vous écrivit hier qu'il était de vous faire demander en mariage est une prompte voie à vous faire connaître s'il vous dit vrai ou non. C'en sera la bonne preuve.

ANGÉLIQUE.

Ah ! Toinette, si celui-là me trompe, je ne croirai de ma vie aucun homme.

TOINETTE.

Voilà votre père qui revient.

## SCÈNE V.

### ARGAN, ANGÉLIQUE, TOINETTE.

ARGAN.

Or çà, ma fille, je vais vous dire une nouvelle, où peut-être ne vous attendez-vous pas. On vous demande en mariage... Qu'est-ce que cela? vous riez? Cela est plaisant, oui, ce mot de mariage; il n'est rien de plus drôle pour les jeunes filles. Ah! nature! nature! A ce que je puis voir, ma fille, je n'ai que faire de vous demander si vous voulez bien vous marier.

ANGÉLIQUE.

Je dois faire, mon père, tout ce qu'il vous plaira de m'ordonner.

ARGAN.

Je suis bien aise d'avoir une fille si obéissante: la chose est donc conclue, et je vous ai promise.

ANGÉLIQUE.

C'est à moi, mon père, de suivre aveuglément toutes vos volontés.

ARGAN.

Ma femme, votre belle-mère, avait envie que je vous fisse religieuse, et votre petite sœur Louison aussi; et, de tout temps, elle a été aheurtée à cela.

TOINETTE, *à part*.

La bonne bête a ses raisons.

#### ARGAN.
Elle ne voulait point consentir à ce mariage; mais je l'ai emporté, et ma parole est donnée.
#### ANGÉLIQUE.
Ah ! mon père, que je vous suis obligée de toutes vos bontés !
#### TOINETTE, à *Argan.*
En vérité, je vous sais bon gré de cela ; et voilà l'action la plus sage que vous ayez faite de votre vie.
#### ARGAN.
Je n'ai point encore vu la personne ; mais on m'a dit que j'en serais content, et toi aussi.
#### ANGÉLIQUE.
Assurément, mon père.
#### ARGAN.
Comment ! l'as-tu vu ?
#### ANGÉLIQUE.
Puisque votre consentement m'autorise à vous pouvoir ouvrir mon cœur, je ne feindrai point de vous dire que le hasard nous a fait connaître il y a six jours, et que la demande qu'on vous a faite est un effet de l'inclination que, dès cette première vue, nous avons prise l'un pour l'autre.
#### ARGAN.
Ils ne m'ont pas dit cela ; mais j'en suis bien aise, et c'est tant mieux que les choses soient de la sorte. Ils disent que c'est un grand jeune garçon bien fait.
#### ANGÉLIQUE.
Oui, mon père.

ARGAN.

De belle taille.

ANGÉLIQUE.

Sans doute.

ARGAN.

Agréable de sa personne.

ANGÉLIQUE.

Assurément.

ARGAN.

De bonne physionomie.

ANGÉLIQUE.

Très-bonne.

ARGAN.

Sage et bien né.

ANGÉLIQUE.

Tout-à-fait.

ARGAN.

Fort honnête.

ANGÉLIQUE.

Le plus honnête du monde.

ARGAN.

Qui parle bien latin et grec.

ANGÉLIQUE.

C'est ce que je ne sais pas.

ARGAN.

Et qui sera reçu médecin dans trois jours.

ANGÉLIQUE.

Lui, mon père ?

ARGAN.

Oui. Est-ce qu'il ne te l'a pas dit ?

## ACTE I, SCÈNE V.

ANGÉLIQUE.

Non vraiment. Qui vous l'a dit à vous ?

ARGAN.

Monsieur Purgon.

ANGÉLIQUE.

Est-ce que monsieur Purgon le connaît ?

ARGAN.

La belle demande ! Il faut bien qu'il le connaisse, puisque c'est son neveu.

ANGÉLIQUE.

Cléante, neveu de monsieur Purgon ?

ARGAN.

Quel Cléante ? Nous parlons de celui pour qui l'on t'a demandée en mariage.

ANGÉLIQUE.

Hé ! oui.

ARGAN.

Hé bien ! c'est le neveu de monsieur Purgon, qui est le fils de son beau-frère le médecin, monsieur Diafoirus ; et ce fils s'appelle Thomas Diafoirus, et non pas Cléante. Nous avons conclu ce mariage-là ce matin, monsieur Purgon, monsieur Fleurant, et moi ; et demain ce gendre prétendu me doit être amené par son père... Qu'est-ce ! vous voilà tout ébaubie !

ANGÉLIQUE.

C'est, mon père, que je connais que vous avez parlé d'une personne, et que j'ai entendu une autre.

### TOINETTE,

Quoi! monsieur, vous auriez fait ce dessein burlesque? et, avec tout le bien que vous avez, vous voudriez marier votre fille avec un médecin?

### ARGAN.

Oui. De quoi te mêles-tu, coquine, impudente que tu es?

### TOINETTE.

Mon dieu! tout doux. Vous allez d'abord aux invectives. Est-ce que nous ne pouvons pas raisonner ensemble sans nous emporter? Là, parlons de sang froid. Quelle est votre raison, s'il vous plaît, pour un tel mariage?

### ARGAN.

Ma raison est que, me voyant infirme et malade comme je suis, je veux me faire un gendre et des alliés médecins, afin de m'appuyer de bons secours contre ma maladie, d'avoir dans ma famille les sources des remèdes qui me sont nécessaires, et d'être à même des consultations et des ordonnances.

### TOINETTE.

Hé bien! voilà dire une raison; et il y a plaisir à se répondre doucement les uns aux autres. Mais monsieur, mettez la main à la conscience : est-ce que vous êtes malade?

### ARGAN.

Comment, coquine! si je suis malade! Si je suis malade, impudente!

## TOINETTE.

Hé bien! oui, monsieur, vous êtes malade, n'ayons point de querelle là-dessus. Oui, vous êtes fort malade, j'en demeure d'accord, et plus malade que vous ne pensez; voilà qui est fait. Mais votre fille doit épouser un mari pour elle; et, n'étant point malade, il n'est pas nécessaire de lui donner un médecin.

## ARGAN.

C'est pour moi que je lui donne ce médecin; et une fille de bon naturel doit être ravie d'épouser ce qui est utile à la santé de son père.

## TOINETTE.

Ma foi, monsieur, voulez-vous qu'en amie je vous donne un conseil?

## ARGAN.

Quel est-il ce conseil?

## TOINETTE.

De ne point songer à ce mariage-là.

## ARGAN.

Et la raison?

## TOINETTE.

La raison, c'est que votre fille n'y consentira point.

## ARGAN.

Elle n'y consentira point?

## TOINETTE.

Non.

## ARGAN.

Ma fille?

#### TOINETTE.

Votre fille. Elle vous dira qu'elle n'a que faire de monsieur Diafoirus, ni de son fils Thomas Diafoirus, ni de tous les Diafoirus du monde.

#### ARGAN.

J'en ai affaire, moi, outre que le parti est plus avantageux qu'on ne pense : monsieur Diafoirus n'a que ce fils-là pour tout héritier; et, de plus, monsieur Purgon, qui n'a ni femme ni enfants, lui donne tout son bien en faveur de ce mariage; et monsieur Purgon est un homme qui a huit mille livres de rente.

#### TOINETTE.

Il faut qu'il ait tué bien des gens, pour s'être fait si riche.

#### ARGAN.

Huit mille livres de rente sont quelque chose, sans compter le bien du père.

#### TOINETTE.

Monsieur, tout cela est bel et bon : mais j'en reviens toujours là; je vous conseille, entre nous, de lui choisir un autre mari; et elle n'est point faite pour être madame Diafoirus.

#### ARGAN.

Et je veux, moi, que cela soit.

#### TOINETTE.

Hé! fi! ne dites pas cela.

#### ARGAN.

Comment! que je ne dise pas cela?

## ACTE I, SCÈNE V.

TOINETTE.
Hé! non.

ARGAN.
Et pourquoi ne le dirai-je pas?

TOINETTE.
On dira que vous ne songez pas à ce que vous dites.

ARGAN.
On dira ce qu'on voudra; mais je vous dis que je veux qu'elle exécute la parole que j'ai donnée.

TOINETTE.
Non, je suis sûre qu'elle ne le fera pas.

ARGAN.
Je l'y forcerai bien.

TOINETTE.
Elle ne le fera pas, vous dis-je.

ARGAN.
Elle le fera, ou je la mettrai dans un couvent.

TOINETTE.
Vous?

ARGAN.
Moi.

TOINETTE.
Bon?

ARGAN.
Comment, bon?

TOINETTE.
Vous ne la mettrez point dans un couvent.

ARGAN.
Je ne la mettrai point dans un couvent?

TOINETTE.

Non.

ARGAN.

Non ?

TOINETTE.

Non.

ARGAN.

Ouais ! voici qui est plaisant. Je ne mettrai pas ma fille dans un couvent, si je veux ?

TOINETTE.

Non, vous dis-je.

ARGAN.

Qui m'en empêchera ?

TOINETTE.

Vous-même.

ARGAN.

Moi ?

TOINETTE.

Oui, vous n'aurez pas ce cœur-là.

ARGAN.

Je l'aurai.

TOINETTE.

Vous vous moquez.

ARGAN.

Je ne me moque point.

TOINETTE.

La tendresse paternelle vous prendra.

ARGAN.

Elle ne me prendra point.

## ACTE I, SCÈNE V.

TOINETTE.

Une petite larme ou deux; des bras jetés au cou; ou Mon petit papa mignon, prononcé tendrement, sera assez pour vous toucher.

ARGAN.

Tout cela ne fera rien.

TOINETTE.

Oui, oui.

ARGAN.

Je vous dis que je n'en démordrai point.

TOINETTE.

Bagatelles.

ARGAN.

Il ne faut point dire, Bagatelles.

TOINETTE.

Mon dieu! je vous connais, vous êtes bon naturellement.

ARGAN, *avec emportement.*

Je ne suis point bon, et je suis méchant quand je veux.

TOINETTE.

Doucement, monsieur; vous ne songez pas que vous êtes malade.

ARGAN.

Je lui commande absolument de se préparer à prendre le mari que je dis.

TOINETTE.

Et moi, je lui défends absolument d'en faire rien.

ARGAN.

Où est-ce donc que nous sommes! Et quelle audace est-ce là à une coquine de servante de parler de la sorte devant son maître ?

TOINETTE.

Quand un maître ne songe pas à ce qu'il fait, une servante bien sensée est en droit de le redresser.

ARGAN, *courant après Toinette.*

Ah ! insolente, il faut que je t'assomme.

TOINETTE, *évitant Argan, et mettant la chaise entre elle et lui.*

Il est de mon devoir de m'opposer aux choses qui vous peuvent déshonorer.

ARGAN, *courant après Toinette autour de la chaise avec son bâton.*

Viens, viens, que je t'apprenne à parler.

TOINETTE, *se sauvant du côté où n'est point Argan.*

Je m'intéresse, comme je dois, à ne vous point laisser faire de folie.

ARGAN, *de même.*

Chienne !

TOINETTE, *de même.*

Non ; je ne consentirai jamais à ce mariage.

ARGAN, *de même.*

Pendarde !

TOINETTE, *de même.*

Je ne veux point qu'elle épouse votre Thomas Diafoirus.

ARGAN, *de même.*

Carogne !

### ACTE I, SCÈNE VI.

TOINETTE, *de même.*

Elle m'obéira plutôt qu'à vous.

ARGAN, *s'arrêtant.*

Angélique, tu ne veux point m'arrêter cette coquine-là?

ANGÉLIQUE.

Hé! mon père, ne vous faites point malade.

ARGAN, *a Angélique.*

Si tu ne me l'arrêtes, je te donnerai ma malédiction.

TOINETTE, *en s'en allant.*

Et moi, je la déshériterai si elle vous obéit.

ARGAN, *se jetant dans sa chaise.*

Ah! ah! je n'en puis plus. Voilà pour me faire mourir.

## SCÈNE VI.

### BÉLINE, ARGAN.

ARGAN.

Ah! ma femme, approchez.

BÉLINE.

Qu'avez-vous, mon pauvre mari?

ARGAN.

Venez-vous-en ici à mon secours.

BÉLINE.

Qu'est-ce que c'est donc qu'il y a, mon petit fils?

ARGAN.

M'amie!

BÉLINE.

Mon ami!

ARGAN.

On vient de me mettre en colère.

BÉLINE.

Hélas! pauvre petit mari! Comment donc, mon ami?

ARGAN.

Votre coquine de Toinette est devenue plus insolente que jamais.

BÉLINE.

Ne vous passionnez donc point.

ARGAN.

Elle m'a fait enrager, m'amie.

BÉLINE.

Doucement, mon fils.

ARGAN.

Elle a contrecarré, une heure durant, les choses que je veux faire.

BÉLINE.

Là! là! tout doux!

ARGAN.

Elle a eu l'effronterie de me dire que je ne suis point malade.

BÉLINE.

C'est une impertinente.

ARGAN.

Vous savez, mon cœur, ce qui en est.

BÉLINE.

Oui, mon cœur, elle a tort.

### ARGAN.
M'amour, cette coquine-là me fera mourir.
### BÉLINE.
Hé! là! hé! là!
### ARGAN.
Elle est cause de toute la bile que je fais.
### BÉLINE.
Ne vous fâchez point tant.
### ARGAN.
Et il y a je ne sais combien que je vous dis de me la chasser.
### BÉLINE.
Mon dieu! mon fils, il n'y a point de serviteurs et de servantes qui n'aient leurs défauts. On est contraint par fois de souffrir leurs mauvaises qualités à cause des bonnes. Celle-ci est adroite, soigneuse, diligente, et sur-tout fidèle; et vous savez qu'il faut maintenant de grandes précautions pour les gens que l'on prend. Holà, Toinette.

## SCÈNE VII.

### ARGAN, BÉLINE, TOINETTE.

#### TOINETTE.
Madame.
#### BÉLINE.
Pourquoi donc est-ce que vous mettez mon mari en colère?
#### TOINETTE, *d'un ton doucereux.*
Moi, madame? Hélas! je ne sais pas ce que vous

me voulez dire, et je ne songe qu'à complaire à monsieur en toutes choses.

ARGAN.

Ah! la traîtresse!

TOINETTE.

Il nous a dit qu'il voulait donner sa fille en mariage au fils de monsieur Diafoirus. Je lui ai répondu que je trouvais le parti avantageux pour elle, mais que je croyais qu'il ferait mieux de la mettre dans un couvent.

BÉLINE.

Il n'y a pas grand mal à cela, et je trouve qu'elle a raison.

ARGAN.

Ah! m'amour, vous la croyez! C'est une scélérate, elle m'a dit cent insolences.

BÉLINE.

Hé bien! je vous crois, mon ami. Là, remettez-vous. Ecoutez, Toinette : si vous fâchez jamais mon mari, je vous mettrai dehors. Ça, donnez-moi son manteau fourré et des oreillers, que je l'accommode dans sa chaise. Vous voilà je ne sais comment. Enfoncez bien votre bonnet jusque sur vos oreilles; il n'y a rien qui enrhume tant que de prendre l'air par les oreilles.

ARGAN.

Ah, m'amie, que je vous suis obligé de tous les soins que vous prenez de moi!

BÉLINE, *accommodant les oreillers qu'elle met autour d'Argan.*

Levez-vous, que je mette ceci sous vous. Mettons celui-ci pour vous appuyer, et celui-là de l'autre côté. Mettons celui-ci derrière votre dos, et cet autre-là pour soutenir votre tête.

TOINETTE, *lui mettant rudement un oreiller sur la tête.*

Et celui-ci pour vous garder du serein.

ARGAN, *se levant en colère, et jetant les oreillers à Toinette qui s'enfuit.*

Ah! coquine, tu veux m'étouffer.

## SCÈNE VIII.
### ARGAN, BÉLINE.

BÉLINE.

Hé! là! hé! là! Qu'est-ce que c'est donc?

ARGAN, *se jetant dans sa chaise.*

Ah! ah! ah! je n'en puis plus.

BÉLINE.

Pourquoi vous emporter ainsi? elle a cru faire bien.

ARGAN.

Vous ne connaissez pas, m'amour, la malice de la pendarde. Ah! elle m'a mis tout hors de moi; et il faudra plus de huit médecines et de douze lavements pour réparer tout ceci.

BÉLINE.

Là! là! mon petit ami, apaisez-vous un peu.

ARGAN.

M'amie, vous êtes toute ma consolation.

BÉLINE.

Pauvre petit fils !

ARGAN.

Pour tâcher de reconnaître l'amour que vous me portez, je veux, mon cœur, comme je vous ai dit, faire mon testament.

BÉLINE.

Ah ! mon ami, ne parlons point de cela, je vous prie : je ne saurais souffrir cette pensée ; et le seul mot de testament me fait tressaillir de douleur.

ARGAN.

Je vous avais dit de parler pour cela à votre notaire.

BÉLINE.

Le voilà là-dedans que j'ai amené avec moi.

ARGAN.

Faites-le donc entrer, m'amour.

BÉLINE.

Hélas ! mon ami, quand on aime bien un mari, on n'est guère en état de songer à tout cela.

## SCÈNE IX.

M. DE BONNEFOI, BÉLINE, ARGAN.

ARGAN.

Approchez, monsieur de Bonnefoi, approchez. Prenez un siége, s'il vous plaît. Ma femme m'a dit, monsieur, que vous étiez fort honnête homme,

## ACTE I, SCÈNE IX.

et tout-à-fait de ses amis; et je l'ai chargée de vous parler pour un testament que je veux faire.

### BÉLINE.

Hélas! je ne suis point capable de parler de ces choses-là.

### M. DE BONNEFOI.

Elle m'a, monsieur, expliqué vos intentions, et le dessein où vous êtes pour elle; et j'ai à vous dire là-dessus que vous ne sauriez rien donner à votre femme par votre testament.

### ARGAN.

Mais pourquoi?

### M. DE BONNEFOI.

La coutume y résiste. Si vous étiez en pays de droit écrit, cela se pourrait faire; mais, à Paris, et dans les pays coutumiers, au moins dans la plupart, c'est ce qui ne se peut; et la disposition serait nulle. Tout l'avantage qu'homme et femme conjoints par mariage se peuvent faire l'un à l'autre, c'est un don mutuel entre vifs; encore faut-il qu'il n'y ait enfants, soit des deux conjoints, ou de l'un d'eux, lors du décès du premier mourant.

### ARGAN.

Voilà une coutume bien impertinente, qu'un mari ne puisse rien laisser à une femme dont il est aimé tendrement, et qui prend de lui tant de soin! J'aurais envie de consulter mon avocat, pour voir comment je pourrais faire.

### M. DE BONNEFOI.

Ce n'est point à des avocats qu'il faut aller; car

ils sont d'ordinaire sévères là-dessus, et s'imaginent que c'est un grand crime que de disposer en fraude de la loi. Ce sont gens de difficultés, et qui sont ignorants des détours de la conscience. Il y a d'autres personnes à consulter, qui sont bien plus accommodantes, qui ont des expédients pour passer doucement par-dessus la loi, et rendre juste ce qui n'est pas permis ; qui savent aplanir les difficultés d'une affaire, et trouver des moyens d'éluder la coutume par quelque avantage indirect. Sans cela, où en serions-nous tous les jours ? Il faut de la facilité dans les choses ; autrement nous ne ferions rien, et je ne donnerais pas un sou de notre métier.

ARGAN.

Ma femme m'avait bien dit, monsieur, que vous étiez fort habile et fort honnête homme. Comment puis-je faire, s'il vous plaît, pour lui donner mon bien et en frustrer mes enfants ?

M. DE BONNEFOI.

Comment vous pouvez faire ? Vous pouvez choisir doucement un ami intime de votre femme, auquel vous donnerez en bonne forme par votre testament tout ce que vous pouvez ; et cet ami ensuite lui rendra tout. Vous pouvez encore contracter un grand nombre d'obligations non suspectes au profit de divers créanciers qui prêteront leur nom à votre femme, et entre les mains de laquelle ils mettront leur déclaration que ce qu'ils en ont fait n'a été que pour lui faire plaisir. Vous pouvez aussi, pendant que vous êtes en vie, mettre entre ses

mains de l'argent comptant, ou des billets que vous pourrez avoir payables au porteur.
### BÉLINE.
Mon dieu ! il ne faut point vous tourmenter de tout cela. S'il vient faute de vous, mon fils, je ne veux plus rester au monde.
### ARGAN.
M'amie !
### BÉLINE.
Oui, mon ami, si je suis assez malheureuse pour vous perdre....
### ARGAN.
Ma chère femme !
### BÉLINE.
La vie ne me sera plus rien.
### ARGAN.
M'amour !
### BÉLINE.
Et je suivrai vos pas, pour vous faire connaître la tendresse que j'ai pour vous.
### ARGAN.
M'amie, vous me fendez le cœur ! Consolez-vous, je vous en prie.
### M. DE BONNEFOI, à *Béline*.
Ces larmes sont hors de saison, et les choses n'en sont point encore là.
### BÉLINE.
Ah ! monsieur, vous ne savez pas ce que c'est qu'un mari qu'on aime tendrement.

ARGAN.

Tout le regret que j'aurai si je meurs, m'amie, c'est de n'avoir point un enfant de vous. Monsieur Purgon m'avait dit qu'il m'en ferait faire un.

M. DE BONNEFOI.

Cela pourra venir encore.

ARGAN.

Il faut faire mon testament, m'amour, de la façon que monsieur dit: mais, par précaution, je veux vous mettre entre les mains vingt mille francs, en or, que j'ai dans le lambris de mon alcove, et deux billets payables au porteur, qui me sont dus, l'un par M. Damon, et l'autre par M. Gérante.

BÉLINE.

Non, non, je ne veux point de tout cela. Ah!... Combien dites-vous qu'il y a dans votre alcove?

ARGAN.

Vingt mille francs, m'amour.

BÉLINE.

Ne me parlez point de bien, je vous prie. Ah!... De combien sont les deux billets?

ARGAN.

Ils sont, m'amie, l'un de quatre mille francs, et l'autre de six.

BÉLINE.

Tous les biens du monde, mon ami, ne me sont rien au prix de vous.

M. DE BONNEFOI, *à Argan*.

Voulez-vous que nous procédions au testament?

###### ARGAN.

Oui, monsieur. Mais nous serons mieux dans mon petit cabinet. M'amour, conduisez-moi, je vous prie.

###### BÉLINE.

Allons, mon pauvre petit fils.

## SCÈNE X.

#### ANGÉLIQUE, TOINETTE.

###### TOINETTE.

Les voilà avec un notaire, et j'ai ouï parler de testament. Votre belle-mère ne s'endort point; et c'est sans doute quelque conspiration contre vos intérêts où elle pousse votre père.

###### ANGÉLIQUE.

Qu'il dispose de son bien à sa fantaisie, pourvu qu'il ne dispose point de mon cœur. Tu vois, Toinette, les desseins violents que l'on fait sur lui; ne m'abandonne point, je te prie, dans l'extrémité où je suis.

###### TOINETTE.

Moi, vous abandonner! J'aimerais mieux mourir. Votre belle-mère a beau me faire sa confidente, et me vouloir jeter dans ses intérêts; je n'ai jamais pu avoir d'inclination pour elle, et j'ai toujours été de votre parti. Laissez-moi faire; j'emploierai toute chose pour vous servir. Mais, pour vous servir avec plus d'effet, je veux changer de batterie, couvrir le zèle que j'ai pour vous, et feindre d'entrer dans les sentiments de votre père et de votre belle-mère.

###### ANGÉLIQUE.

Tâche, je t'en conjure, de faire donner avis à Cléante du mariage qu'on a conclu.

###### TOINETTE.

Je n'ai personne à employer à cet office que le vieux usurier Polichinelle, mon amant ; et il m'en coûtera, pour cela, quelques paroles de douceur, que je veux bien dépenser pour vous. Pour aujourd'hui il est trop tard ; mais demain, du grand matin, je l'enverrai quérir, et il sera ravi de...

## SCÈNE XI.

BÉLINE, *dans la maison;* ANGÉLIQUE, TOINETTE.

###### BÉLINE.

Toinette.

###### TOINETTE, *à Angélique.*

Voilà qu'on m'appelle. Bon soir. Reposez-vous sur moi.

FIN DU PREMIER ACTE.

# ACTE SECOND.

*Le théâtre représente la chambre d'Argan.*

## SCÈNE I.

### CLÉANTE, TOINETTE.

TOINETTE, *ne reconnaissant pas Cléante.*

Que demandez-vous, monsieur ?

CLÉANTE.

Ce que je demande ?

TOINETTE.

Ah! ah! c'est vous! Quelle surprise! Que venez-vous faire céans ?

CLÉANTE.

Savoir ma destinée, parler à l'aimable Angélique, consulter les sentiments de son cœur, et lui demander ses résolutions sur ce mariage fatal dont on m'a averti.

TOINETTE.

Oui : mais on ne parle pas comme cela de but en blanc à Angélique, il y faut des mystères : et l'on vous a dit l'étroite garde où elle est retenue; qu'on ne la laisse ni sortir ni parler à personne; et que ce ne fut que la curiosité d'une vieille tante qui nous fit accorder la liberté d'aller à cette comédie qui donna lieu à la naissance de votre passion : et nous nous sommes bien gardées de parler de cette aventure.

#### CLÉANTE.

Aussi ne viens-je pas ici comme Cléante et sous l'apparence de son amant, mais comme ami de son maître de musique, dont j'ai obtenu le pouvoir de dire qu'il m'envoie à sa place.

#### TOINETTE.

Voici son père. Retirez-vous un peu, et me laissez lui dire que vous êtes là.

## SCÈNE II.

### ARGAN, TOINETTE.

ARGAN, *se croyant seul, et sans voir Toinette.*

Monsieur Purgon m'a dit de me promener le matin dans ma chambre douze allées et douze venues : mais j'ai oublié à lui demander si c'est en long ou en large.

#### TOINETTE.

Monsieur, voilà un...

#### ARGAN.

Parle bas, pendarde : tu viens m'ébranler tout le cerveau, et tu ne songes pas qu'il ne faut point parler si haut à des malades.

#### TOINETTE.

Je voulais vous dire, monsieur...

#### ARGAN.

Parle bas, te dis-je.

ACTE II, SCÈNE III.

TOINETTE.

Monsieur...
(*Elle fait semblant de parler.*)

ARGAN.

Hé?

TOINETTE.

Je vous dis que...
(*Elle fait encore semblant de parler.*)

ARGAN.

Qu'est-ce que tu dis?

TOINETTE, *haut.*

Je dis que voilà un homme qui veut parler à vous.

ARGAN.

Qu'il vienne.
(*Toinette fait signe à Cléante d'avancer.*)

## SCÈNE III.

ARGAN, CLÉANTE, TOINETTE.

CLÉANTE.

Monsieur...

TOINETTE, *à Cléante.*

Ne parlez pas si haut, de peur d'ébranler le cerveau de monsieur.

CLÉANTE.

Monsieur, je suis ravi de vous trouver debout, et de voir que vous vous portez mieux.

TOINETTE, *feignant d'être en colère.*

Comment! qu'il se porte mieux! Cela est faux. Monsieur se porte toujours mal.

#### CLÉANTE.

J'ai ouï dire que monsieur était mieux ; et je lui trouve bon visage.

#### TOINETTE.

Que voulez-vous dire avec votre bon visage? Monsieur l'a fort mauvais ; et ce sont des impertinents qui vous ont dit qu'il était mieux ; il ne s'est jamais si mal porté.

#### ARGAN.

Elle a raison.

#### TOINETTE.

Il marche, dort, mange, et boit comme les autres ; mais cela n'empêche pas qu'il ne soit fort malade.

#### ARGAN.

Cela est vrai.

#### CLÉANTE.

Monsieur, j'en suis au désespoir. Je viens de la part du maître à chanter de mademoiselle votre fille : il s'est vu obligé d'aller à la campagne pour quelques jours ; et, comme son ami intime, il m'envoie à sa place pour lui continuer ses leçons, de peur qu'en les interrompant elle ne vînt à oublier ce qu'elle sait déjà.

#### ARGAN.

Fort bien. (*à Toinette.*) Appelez Angélique.

#### TOINETTE.

Je crois, monsieur, qu'il sera mieux de mener monsieur à sa chambre.

ARGAN.

Non, faites-la venir.

TOINETTE.

Il ne pourra lui donner leçon comme il faut, s'ils ne sont en particulier.

ARGAN.

Si fait, si fait.

TOINETTE.

Monsieur, cela ne fera que vous étourdir; et il ne faut rien pour vous émouvoir en l'état où vous êtes, et vous ébranler le cerveau.

ARGAN.

Point, point : j'aime la musique; et je serai bien aise de... Ah! la voici. (*à Toinette.*) Allez-vous-en voir, vous, si ma femme est habillée.

## SCÈNE IV.

ARGAN, ANGÉLIQUE, CLÉANTE.

ARGAN.

Venez, ma fille; votre maître de musique est allé aux champs, et voilà une personne qu'il envoie à sa place pour vous montrer.

ANGÉLIQUE, *reconnaissant Cléante.*

Ah! ciel!

ARGAN.

Qu'est-ce? D'où vient cette surprise?

ANGÉLIQUE.

C'est...

### ARGAN.
Quoi! qui vous émeut de la sorte?
### ANGÉLIQUE.
C'est, mon père, une aventure surprenante qui se rencontre ici.
### ARGAN.
Comment?
### ANGÉLIQUE.
J'ai songé cette nuit que j'étais dans le plus grand embarras du monde, et qu'une personne faite tout comme monsieur s'est présentée à moi, à qui j'ai demandé secours, et qui m'est venu tirer de la peine où j'étais; et ma surprise a été grande de voir inopinément, en arrivant ici, ce que j'ai eu dans l'idée toute la nuit.
### CLÉANTE.
Ce n'est pas être malheureux que d'occuper votre pensée, soit en dormant, soit en veillant, et mon bonheur serait grand, sans doute, si vous étiez dans quelque peine dont vous me jugeassiez digne de vous tirer; et il n'y a rien que je ne fisse pour...

## SCÈNE V.
### ARGAN, ANGÉLIQUE, CLÉANTE, TOINETTE.

### TOINETTE, *à Argan*.
Ma foi, monsieur, je suis pour vous maintenant; et je me dédis de tout ce que je disais hier. Voici

monsieur Diafoirus le père et monsieur Diafoirus le fils qui viennent vous rendre visite. Que vous serez bien engendré! Vous allez voir le garçon le mieux fait du monde, et le plus spirituel. Il n'a dit que deux mots qui m'ont ravie, et votre fille va être charmée de lui.

ARGAN, *à Cléante qui feint de vouloir s'en aller.*

Ne vous en allez point, monsieur. C'est que je marie ma fille; et voilà qu'on lui amène son prétendu mari, qu'elle n'a point encore vu.

CLÉANTE.

C'est m'honorer beaucoup, monsieur, de vouloir que je sois témoin d'une entrevue si agréable.

ARGAN.

C'est le fils d'un habile médecin : et le mariage se fera dans quatre jours.

CLÉANTE.

Fort bien.

ARGAN.

Mandez-le un peu à son maître de musique, afin qu'il se trouve à la noce.

CLÉANTE.

Je n'y manquerai pas.

ARGAN.

Je vous y prie aussi.

CLÉANTE.

Vous me faites beaucoup d'honneur.

TOINETTE.

Allons, qu'on se range, les voici.

## SCÈNE VI.

**M. DIAFOIRUS, THOMAS DIAFOIRUS, ARGAN, ANGÉLIQUE, CLÉANTE, TOINETTE, LAQUAIS.**

ARGAN, *mettant la main à son bonnet sans l'ôter.*

Monsieur Purgon, monsieur, m'a défendu de découvrir ma tête. Vous êtes du métier, vous savez les conséquences.

M. DIAFOIRUS.

Nous sommes dans toutes nos visites pour porter secours aux malades, et non pour leur porter de l'incommodité.

(*Argan et M. Diafoirus parlent en même temps.*)

ARGAN.

Je reçois, monsieur,

M. DIAFOIRUS.

Nous venons ici, monsieur,

ARGAN.

Avec beaucoup de joie...

M. DIAFOIRUS.

Mon fils Thomas et moi,

ARGAN.

L'honneur que vous me faites;

M. DIAFOIRUS.

Vous témoigner, monsieur,

ARGAN.

Et j'aurais souhaité...

M. DIAFOIRUS.

Le ravissement où nous sommes...

ARGAN.

De pouvoir aller chez vous...

M. DIAFOIRUS.

De la grâce que vous nous faites...

ARGAN.

Pour vous en assurer.

M. DIAFOIRUS.

De vouloir bien nous recevoir...

ARGAN.

Mais vous savez, monsieur,

M. DIAFOIRUS.

Dans l'honneur, monsieur,

ARGAN.

Ce que c'est qu'un pauvre malade,

M. DIAFOIRUS.

De votre alliance,

ARGAN.

Qui ne peut faire autre chose...

M. DIAFOIRUS.

Et vous assurer...

ARGAN.

Que de vous dire ici...

M. DIAFOIRUS.

Que, dans les choses qui dépendront de notre métier,

ARGAN.

Qu'il cherchera toutes les occasions...

M. DIAFOIRUS.

De même qu'en toute autre,

ARGAN.

De vous faire connaître, monsieur,

M. DIAFOIRUS.

Nous serons toujours prêts, monsieur,

ARGAN.

Qu'il est tout à votre service.

M. DIAFOIRUS.

A vous témoigner notre zèle. (*à son fils.*) Allons, Thomas, avancez ; faites vos compliments.

THOMAS DIAFOIRUS, *à M. Diafoirus.*

N'est-ce pas par le père qu'il convient commencer?

M. DIAFOIRUS.

Oui.

THOMAS DIAFOIRUS, *à Argan.*

Monsieur, je viens saluer, reconnaître, chérir, et révérer en vous un second père, mais un second père auquel j'ose dire que je me trouve plus redevable qu'au premier. Le premier m'a engendré ; mais vous m'avez choisi. Il m'a reçu par nécessité ; mais vous m'avez accepté par grâce. Ce que je tiens de lui est un ouvrage de son corps ; mais ce que je tiens de vous est un ouvrage de votre volonté ; et d'autant plus que les facultés spirituelles sont au-dessus des corporelles, d'autant plus je vous dois, et d'autant plus je tiens précieuse cette future filiation dont je viens aujourd'hui vous rendre par avance les très-humbles et très-respectueux hommages.

## ACTE II, SCÈNE VI.

TOINETTE.

Vivent les colléges d'où l'on sort si habile homme !

THOMAS DIAFOIRUS, *à M. Diafoirus.*

Cela a-t-il bien été, mon père ?

M. DIAFOIRUS.

Optimè.

ARGAN, *à Angélique.*

Allons, saluez monsieur.

THOMAS DIAFOIRUS, *à M. Diafoirus.*

Baiserai-je ?

M. DIAFOIRUS.

Oui, oui.

THOMAS DIAFOIRUS, *à Angélique.*

Madame, c'est avec justice que le ciel vous a concédé le nom de belle-mère, puisque l'on...

ARGAN, *à Thomas Diafoirus.*

Ce n'est pas ma femme, c'est ma fille à qui vous parlez.

THOMAS DIAFOIRUS.

Où donc est-elle ?

ARGAN.

Elle va venir.

THOMAS DIAFOIRUS.

Attendrai-je, mon père, qu'elle soit venue ?

M. DIAFOIRUS.

Faites toujours le compliment de mademoiselle.

THOMAS DIAFOIRUS.

Mademoiselle, ne plus ne moins que la statue de Memnon rendait un son harmonieux lorqu'elle venait à être éclairée des rayons du soleil, tout de même me sens-je animé d'un doux transport [à] l'apparition du soleil de vos beautés; et comme l[es] naturalistes remarquent que la fleur nommée héli[o]trope tourne sans cesse vers cet astre du jour, aus[si] mon cœur d'ores-en-avant tournera-t-il toujou[rs] vers les astres resplendissants de vos yeux ado[ra]bles, ainsi que vers son pole unique. Souffrez don[c], mademoiselle, que j'appende aujourd'hui à l'aut[el] de vos charmes l'offrande de ce cœur, qui ne r[es]pire et n'ambitionne autre gloire que d'être tou[te la] vie, mademoiselle, votre très-humble, très-obéi[s]sant et très-fidèle serviteur et mari.

TOINETTE.

Voilà ce que c'est que d'étudier, on apprend [à] dire de belles choses.

ARGAN, à Cléante.

Hé! que dites-vous de cela?

CLÉANTE.

Que monsieur fait merveilles, et que s'il est aus[si] bon médecin qu'il est bon orateur, il y aura plais[ir] à être de ses malades.

TOINETTE.

Assurément. Ce sera quelque chose d'admirabl[e] s'il fait d'aussi belles cures qu'il fait de beaux d[is]cours.

ARGAN.

Allons, vite, ma chaise, et des siéges à tout [le] monde. (Les laquais donnent des siéges.) Mett[ez] vous là, ma fille. (à M. Diafoirus.) Vous voye[z], monsieur, que tout le monde admire monsie[ur] votre fils, et je vous trouve bien heureux de vous voir un garçon comme cela.

M. DIAFOIRUS.

Monsieur, ce n'est pas parce que je suis son père; mais je puis dire que j'ai sujet d'être content de lui, et que tous ceux qui le voient en parlent comme d'un garçon qui n'a point de méchanceté. Il n'a jamais eu l'imagination bien vive, ni ce feu d'esprit qu'on remarque dans quelques-uns; mais c'est par-là que j'ai toujours bien auguré de sa judiciaire, qualité requise pour l'exercice de notre art. Lorsqu'il était petit, il n'a jamais été ce qu'on appelle mièvre et éveillé : on le voyait toujours doux, paisible et taciturne, ne disant jamais mot, et ne jouant jamais à tous ces petits jeux que l'on nomme enfantins. On eut toutes les peines du monde à lui apprendre à lire; et il avait neuf ans qu'il ne connaissait pas encore ses lettres. Bon! disais-je en moi-même, les arbres tardifs sont ceux qui portent les meilleurs fruits. On grave sur le marbre bien plus mal-aisément que sur le sable; mais les choses y sont conservées bien plus long-temps; et cette lenteur à comprendre, cette pesanteur d'imagination, est la marque d'un bon jugement à venir. Lorsque je l'envoyai au collége, il trouva de la peine, mais il se roidissait contre les difficultés; et ses régents se louaient toujours à moi de son assiduité et de son travail. Enfin, à force de battre le fer, il en est venu glorieusement à avoir ses licences; et je puis dire, sans vanité, que, depuis deux ans qu'il est sur les bancs, il n'y a point de candidat qui ait fait plus de bruit que lui dans toutes les disputes de notre école. Il s'y est rendu redoutable; et il ne s'y passe point d'acte où il n'aille argumenter à outrance pour la proposition contraire. Il est ferme dans la dispute, fort comme un Turc sur ses principes, ne démord jamais de son opinion, et poursuit un raisonnement jusque dans les derniers recoins de la logique. Mais, sur toute chose, ce qui me plaît en lui, et en quoi il suit mon exemple, c'est qu'il s'attache aveuglément aux opinions de nos anciens, et que jamais il n'a voulu comprendre ni écouter les raisons et des expériences des prétendues découvertes de notre siècle, touchant la circulation du sang, et autres opinions de même farine.

THOMAS DIAFOIRUS, *tirant de sa poche une grande thèse roulée qu'il présente à Angélique.*

J'ai, contre les circulateurs, soutenu une thèse, qu'avec la permission (*saluant Argan*) de monsieur, j'ose présenter à mademoiselle comme un hommage que je lui dois des prémices de mon esprit.

ANGÉLIQUE.

Monsieur, c'est pour moi un meuble inutile, et je ne me connais pas à ces choses-là.

TOINETTE, *prenant la thèse.*

Donnez, donnez; elle est toujours bonne à

prendre pour l'image : cela servira à parer notre chambre.

THOMAS DIAFOIRUS, *saluant encore Argan.*

Avec la permission aussi de monsieur, je vous invite à venir voir l'un de ces jours, pour vous divertir, la dissection d'une femme, sur quoi je dois raisonner.

TOINETTE.

Le divertissement sera agréable. Il y en a qui donnent la comédie à leurs maîtresses ; mais donner une dissection est quelque chose de plus galant.

M. DIAFOIRUS.

Au reste, pour ce qui est des qualités requises pour le mariage et la propagation, je vous assure que, selon les règles de nos docteurs, il est tel qu'on le peut souhaiter, qu'il possède en un degré louable la vertu prolifique, et qu'il est du tempérament qu'il faut pour engendrer et procréer des enfants bien conditionnés.

ARGAN.

N'est-ce pas votre intention, monsieur, de le pousser à la cour, et d'y ménager pour lui une charge de médecin ?

M. DIAFOIRUS.

A vous en parler franchement, notre métier auprès des grands ne m'a jamais paru agréable, et j'ai toujours trouvé qu'il valait mieux pour nous autres demeurer au public. Le public est commode : vous n'avez à répondre de vos actions à personne ; et, pourvu que l'on suive le courant des règles de l'art, on ne se met point en peine de tout ce qui peut arriver. Mais ce qu'il y a de fâcheux auprès des grands, c'est que, quand ils viennent à être malades, ils veulent absolument que leurs médecins les guérissent.

TOINETTE.

Cela est plaisant! et ils sont bien impertinents de vouloir que vous autres messieurs vous les guérissiez! Vous n'êtes point auprès d'eux pour cela; vous n'y êtes que pour recevoir vos pensions, et leur ordonner des remèdes; c'est à eux à guérir s'ils peuvent.

M. DIAFOIRUS.

Cela est vrai. On n'est obligé qu'à traiter les gens dans les formes.

ARGAN, *à Cléante.*

Monsieur, faites un peu chanter ma fille devant la compagnie.

CLÉANTE.

J'attendais vos ordres, monsieur; et il m'est venu en pensée, pour divertir la compagnie, de chanter avec mademoiselle une scène d'un petit opéra qu'on a fait depuis peu. (*à Angélique, lui donnant un papier.*) Tenez, voilà votre partie.

ANGÉLIQUE.

Moi?

CLÉANTE, *bas, à Angélique.*

Ne vous défendez point, s'il vous plaît, et me laissez vous faire comprendre ce que c'est que la scène que nous devons chanter. (*haut.*) Je n'ai pas

ne voix à chanter; mais ici il suffit que je me fasse
entendre, et l'on aura la bonté de m'excuser par
la nécessité où je me trouve de faire chanter mademoiselle.

ARGAN.

Les vers en sont-ils beaux?

CLÉANTE.

C'est proprement ici un petit opéra in-promptu;
vous n'allez entendre chanter que de la prose cadencée, ou des manières de vers libres, tels que la
passion et la nécessité peuvent faire trouver à deux
personnes qui disent les choses d'eux-mêmes, et
parlent sur-le-champ.

ARGAN.

Fort bien. Ecoutons.

CLÉANTE.

Voici le sujet de la scène. Un berger était attentif
aux beautés d'un spectacle qui ne faisait que commencer, lorsqu'il fut tiré de son attention par un
bruit qu'il entendit à ses côtés. Il se retourne, et
voit un brutal qui de paroles insolentes maltraitait
une bergère. D'abord il prend les intérêts d'un sexe
à qui tous les hommes doivent hommage; et, après
avoir donné au brutal le châtiment de son insolence,
il vient à la bergère, et voit une jeune personne
qui, des deux plus beaux yeux qu'il eût jamais vus,
versait des larmes qu'il trouva les plus belles du
monde. Hélas! dit-il en lui-même, est-on capable
d'outrager une personne si aimable? et quel inhumain, quel barbare ne serait touché par de telles

larmes ? Il prend soin de les arrêter, ces larmes qu'il trouve si belles, et l'aimable bergère prend soin en même temps de le remercier de son léger service, mais d'une manière si charmante, si tendre et si passionnée, que le berger n'y peut résister ; et chaque mot, chaque regard, est un trait plein de flamme dont son cœur se sent pénétré. Est-il, disait-il, quelque chose qui puisse mériter les aimables paroles d'un tel remerciement ? Et que ne voudrait-on pas faire, à quels services, à quels dangers ne serait-on pas ravi de courir, pour s'attirer un seul moment des touchantes douceurs d'une âme si reconnaissante ? Tout le spectacle passe sans qu'il y donne aucune attention : mais il se plaint qu'il est trop court, parce qu'en finissant il se sépare de son adorable bergère ; et, de cette première vue, de ce premier moment, il emporte chez lui tout ce qu'un amour de plusieurs années peut avoir de plus violent. Le voilà aussitôt à sentir tous les maux de l'absence ; et il est tourmenté de ne plus voir ce qu'il a si peu vu. Il fait tout ce qu'il peut pour se redonner cette vue dont il conserve nuit et jour une si chère idée ; mais la grande contrainte où l'on tient sa bergère lui en ôte tous les moyens. La violence de sa passion le fait résoudre à demander en mariage l'adorable beauté sans laquelle il ne peut plus vivre ; et il en obtient d'elle la permission par un billet qu'il a l'adresse de lui faire tenir. Mais dans le même temps on l'avertit que le père de cette belle a conclu son mariage avec un autre ; et

## ACTE II, SCÈNE VI.

que tout se dispose pour en célébrer la cérémonie. Jugez quelle atteinte cruelle au cœur de ce triste berger. Le voilà accablé d'une mortelle douleur ; il ne peut souffrir l'effroyable idée de voir tout ce qu'il aime entre les bras d'un autre ; et son amour au désespoir lui fait trouver moyen de s'introduire dans la maison de sa bergère pour apprendre ses sentiments, et savoir d'elle la destinée à laquelle il doit se résoudre. Il y rencontre les apprêts de tout ce qu'il craint : il y voit venir l'indigne rival que le caprice d'un père oppose aux tendresses de son amour ; il le voit triomphant, ce rival ridicule, auprès de l'aimable bergère, ainsi qu'auprès d'une conquête qui lui est assurée ; et cette vue le remplit d'une colère dont il a peine à se rendre le maître. Il jette de douloureux regards sur celle qu'il adore ; et son respect, et la présence de son père, l'empêchent de lui rien dire que des yeux. Mais enfin il force toute contrainte, et le transport de son amour l'oblige à lui parler ainsi :

(*Il chante.*)

Belle Philis, c'est trop, c'est trop souffrir ;
Rompons ce dur silence, et m'ouvrez vos pensées.
Apprenez-moi ma destinée :
Faut-il vivre ? faut-il mourir ?

ANGÉLIQUE, *en chantant.*

Vous me voyez, Tircis, triste et mélancolique
Aux apprêts de l'hymen dont vous vous alarmez.
Je lève au ciel les yeux, je vous regarde, je soupire,
C'est vous en dire assez.

#### ARGAN.

Ouais ! je ne croyais pas que ma fille fût si habile que de chanter ainsi à livre ouvert sans hésiter.

#### CLÉANTE.

Hélas ! belle Philis,
Se pourrrait-il que l'amoureux Tircis
Eût assez de bonheur
Pour avoir quelque place dans votre cœur ?

#### ANGÉLIQUE.

Je ne m'en défends point ; dans cette peine extrême,
Oui, Tircis, je vous aime.

#### CLÉANTE.

O parole pleine d'appas !
Ai-je bien entendu ? Hélas !
Redites-la, Philis, que je n'en doute pas.

#### ANGÉLIQUE.

Oui, Tircis, je vous aime.

#### CLÉANTE.

De grâce, encor, Philis.

#### ANGÉLIQUE.

Je vous aime.

#### CLÉANTE.

Recommencez cent fois, ne vous en lassez pas.

#### ANGÉLIQUE.

Je vous aime, je vous aime ;
Oui, Tircis, je vous aime.

#### CLÉANTE.

Dieux, rois, qui sous vos pieds regardez tout le monde,
Pouvez-vous comparer votre bonheur au mien ?

## ACTE II, SCÈNE VI.

Mais, Philis, une pensée
Vient troubler ce doux transport.
Un rival, un rival....

#### ANGÉLIQUE.

Ah! je le hais plus que la mort ;
Et sa présence, ainsi qu'à vous,
M'est un cruel supplice.

#### CLÉANTE.

Mais un père à ses vœux vous veut assujettir.

#### ANGÉLIQUE.

Plutôt, plutôt mourir,
Que de jamais y consentir.
Plutôt, plutôt mourir, plutôt mourir.

#### ARGAN.

Et que dit le père à tout cela ?

#### CLÉANTE.

Il ne dit rien.

#### ARGAN.

Voilà un sot père que ce père-là de souffrir toutes ces sottises-là sans rien dire.

#### CLÉANTE, *voulant continuer à chanter.*

Ah! mon amour....

#### ARGAN.

Non, non, en voilà assez. Cette comédie-là est de fort mauvais exemple. Le berger Tircis est un impertinent, et la bergère Philis une impudente de parler de la sorte devant son père. (*à Angélique.*) Montrez-moi ce papier. Ah! ah! où sont donc les paroles que vous dites ? Il n'y a là que de la musique écrite.

#### CLÉANTE.

Est-ce que vous ne savez pas, monsieur, qu'on a trouvé depuis peu l'invention d'écrire les paroles avec les notes mêmes ?

#### ARGAN.

Fort bien. Je suis votre serviteur, monsieur; jusqu'au revoir. Nous nous serions bien passés de votre impertinent opéra.

#### CLÉANTE.

J'ai cru vous divertir.

#### ARGAN.

Les sottises ne divertissent point. Ah ! voici ma femme.

## SCÈNE VII.

**BÉLINE, ARGAN, ANGÉLIQUE, MONSIEUR DIAFOIRUS, THOMAS DIAFOIRUS, TOINETTE.**

#### ARGAN.

M'amour, voilà le fils de monsieur Diafoirus.

#### THOMAS DIAFOIRUS.

Madame, c'est avec justice que le ciel vous a concédé le nom de belle-mère, puisque l'on voit sur votre visage....

#### BÉLINE.

Monsieur, je suis ravie d'être venue ici à propos pour avoir l'honneur de vous voir.

#### THOMAS DIAFOIRUS.

Puisque l'on voit sur votre visage.... Puisque l'on

voit sur votre visage.... Madame, vous m'avez interrompu dans le milieu de ma période; et cela m'a troublé la mémoire.

M. DIAFOIRUS.

Thomas, réservez cela pour une autre fois.

ARGAN.

Je voudrais, m'amie, que vous eussiez été ici tantôt.

TOINETTE.

Ah ! madame, vous avez bien perdu de n'avoir point été au second père, à la statue de Memnon, et à la fleur nommée héliotrope.

ARGAN.

Allons, ma fille, touchez dans la main de monsieur, et lui donnez votre foi comme à votre mari.

ANGÉLIQUE.

Mon père !

ARGAN.

Hé bien ! mon père ! qu'est-ce que cela veut dire ?

ANGÉLIQUE.

De grâce, ne précipitez point les choses. Donnez-nous au moins le temps de nous connaître, et de voir naître en nous, l'un pour l'autre, cette inclination si nécessaire à composer une union parfaite.

THOMAS DIAFOIRUS.

Quant à moi, mademoiselle, elle est déjà toute née en moi ; et je n'ai pas besoin d'attendre davantage.

ANGÉLIQUE.

Si vous êtes si prompt, monsieur, il n'en est pas de même de moi; et je vous avoue que votre mérite n'a pas encore fait assez d'impression dans mon ame.

ARGAN.

Oh! bien! bien! cela aura tout le loisir de se faire quand vous serez mariés ensemble.

ANGÉLIQUE.

Hé! mon père, donnez-moi du temps, je vous prie. Le mariage est une chaîne où l'on ne doit jamais soumettre un cœur par force; et si monsieur est honnête homme, il ne doit point vouloir accepter une personne qui serait à lui par contrainte.

THOMAS DIAFOIRUS.

*Nego consequentiam*, mademoiselle; et je puis être honnête homme, et vouloir bien vous accepter des mains de monsieur votre père.

ANGÉLIQUE.

C'est un méchant moyen de se faire aimer de quelqu'un, que de lui faire violence.

THOMAS DIAFOIRUS.

Nous lisons des anciens, mademoiselle, que leur coutume était d'enlever par force de la maison des pères les filles qu'on menait marier, afin qu'il ne semblât pas que ce fût de leur consentement qu'elles convolaient dans les bras d'un homme.

ANGÉLIQUE.

Les anciens, monsieur, sont les anciens, et nous sommes les gens de maintenant. Les grimaces ne sont point nécessaires dans notre siècle ; et quand un mariage nous plaît, nous savons fort bien y aller sans qu'on nous y traîne. Donnez-vous patience ; si vous m'aimez, monsieur, vous devez vouloir tout ce que je veux.

THOMAS DIAFOIRUS.

Oui, mademoiselle, jusqu'aux intérêts de mon amour exclusivement.

ANGÉLIQUE.

Mais la grande marque d'amour, c'est d'être soumis aux volontés de celle qu'on aime.

THOMAS DIAFOIRUS.

*Distinguo*, mademoiselle. Dans ce qui ne regarde point sa possession, *concedo* ; mais dans ce qui la regarde, *nego*.

TOINETTE, *à Angélique*.

Vous avez beau raisonner ; monsieur est frais émoulu du collége, et il vous donnera toujours votre reste. Pourquoi tant résister, et refuser la gloire d'être attachée au corps de la faculté ?

BÉLINE.

Elle a peut-être quelque inclination en tête.

ANGÉLIQUE.

Si j'en avais, madame, elle serait telle que la raison et l'honnêteté pourraient me la permettre.

ARGAN.

Ouais ! je joue ici un plaisant personnage.

BÉLINE.

Si j'étais que de vous, mon fils, je ne la forcerais point à se marier ; et je sais bien ce que je ferais.

### ANGÉLIQUE.

Je sais, madame, ce que vous voulez dire, et les bontés que vous avez pour moi ; mais peut-être que vos conseils ne seront pas assez heureux pour être exécutés.

### BÉLINE.

C'est que les filles bien sages et bien honnêtes comme vous se moquent d'être obéissantes et soumises aux volontés de leur père. Cela était bon autrefois.

### ANGÉLIQUE.

Le devoir d'une fille a des bornes, madame; et la raison et les lois ne l'étendent point à toutes sortes de choses.

### BÉLINE.

C'est-à-dire que vos pensées ne sont que pour le mariage; mais vous voulez choisir un époux à votre fantaisie.

### ANGÉLIQUE.

Si mon père ne veut pas me donner un mari qui me plaise, je le conjurerai au moins de ne me point forcer à en épouser un que je ne puisse pas aimer.

### ARGAN.

Messieurs, je vous demande pardon de tout ceci.

### ANGÉLIQUE.

Chacun a son but en se mariant. Pour moi, qui ne veux un mari que pour l'aimer véritablement, et qui prétends en faire tout l'attachement de ma vie, je vous avoue que j'y cherche quelque précaution. Il y en a d'aucunes qui prennent des maris seulement pour se tirer de la contrainte de leurs parents, et se mettre en état de faire tout ce qu'elles voudront. Il y en a d'autres, madame, qui font du mariage un commerce de pur intérêt, qui ne se marient que pour gagner des douaires, que pour s'enrichir par la mort de ceux qu'elles épousent, et courent sans scrupule de mari en mari pour s'approprier leurs dépouilles. Ces personnes-là, à la vérité, n'y cherchent pas tant de façons, et regardent peu la personne.

BÉLINE.
Je vous trouve aujourd'hui bien raisonnante, et je voudrais bien savoir ce que vous voulez dire par-là.

ANGÉLIQUE.
Moi, madame ? Que voudrais-je dire que ce que je dis ?

BÉLINE.
Vous êtes si sotte, m'amie, qu'on ne saurait plus vous souffrir.

ANGÉLIQUE.
Vous voudriez bien, madame, m'obliger à vous répondre quelque impertinence ; mais je vous avertis que vous n'aurez pas cet avantage.

BÉLINE.
Il n'est rien d'égal à votre insolence.

ANGÉLIQUE.
Non, madame, vous avez beau dire.

### BÉLINE.

Et vous avez un ridicule orgueil, une impertinente présomption, qui fait hausser les épaules à tout le monde.

### ANGÉLIQUE.

Tout cela, madame, ne servira de rien; je serai sage en dépit de vous; et, pour vous ôter l'espérance de pouvoir réussir dans ce que vous voulez, je vais m'ôter de votre vue.

## SCÈNE VIII.

### ARGAN, BÉLINE, M. DIAFOIRUS, THOMAS DIAFOIRUS, TOINETTE.

ARGAN, *à Angélique qui sort.*

Ecoute, il n'y a point de milieu à cela : choisis d'épouser dans quatre jours ou monsieur, ou un couvent. (*à Béline.*) Ne vous mettez pas en peine, je la rangerai bien.

### BÉLINE.

Je suis fâchée de vous quitter, mon fils; mais j'ai une affaire en ville dont je ne puis me dispenser. Je reviendrai bientôt.

### ARGAN.

Allez, m'amour; et passez chez votre notaire, afin qu'il expédie ce que vous savez.

### BÉLINE.

Adieu, mon petit ami.

### ARGAN.

Adieu, m'amie.

## SCÈNE IX.

ARGAN, M. DIAFOIRUS, THOMAS DIAFOIRUS, TOINETTE.

ARGAN.

Voilà une femme qui m'aime.... Cela n'est pas croyable.

M. DIAFOIRUS.

Nous allons, monsieur, prendre congé de vous.

ARGAN.

Je vous prie, monsieur, de me dire un peu comment je suis.

M. DIAFOIRUS, *tâtant le pouls d'Argan.*

Allons, Thomas, prenez l'autre bras de monsieur, pour voir si vous saurez porter un bon jugement de son pouls. *Quid dicis?*

THOMAS DIAFOIRUS.

*Dico* que le pouls de monsieur est le pouls d'un homme qui ne se porte point bien.

M. DIAFOIRUS.

Bon.

THOMAS DIAFOIRUS.

Qu'il est duriuscule, pour ne pas dire dur.

M. DIAFOIRUS.

Fort bien.

THOMAS DIAFOIRUS.

Repoussant.

M. DIAFOIRUS.

Benè.

THOMAS DIAFOIRUS.

Et même un peu capricant.

M. DIAFOIRUS.

*Optimè.*

THOMAS DIAFOIRUS.

Ce qui marque une intempérie dans le *parenchyme splénique*, c'est-à-dire la rate.

M. DIAFOIRUS.

Fort bien.

ARGAN.

Non; monsieur Purgon dit que c'est mon foie qui est malade.

M. DIAFOIRUS.

Eh! oui: qui dit *parenchyme* dit l'un et l'autre, à cause de l'étroite sympathie qu'ils ont ensemble par le moyen du *vas breve*, du *pylore*, et souvent des *méats cholidoques*. Il vous ordonne, sans doute, de manger force rôti?

ARGAN.

Non, rien que du bouilli.

M. DIAFOIRUS.

Eh! oui: rôti, bouilli, même chose. Il vous ordonne fort prudemment; et vous ne pouvez être en de meilleures mains.

ARGAN.

Monsieur, combien est-ce qu'il faut mettre de grains de sel dans un œuf?

M. DIAFOIRUS.

Six, huit, dix, par les nombres pairs, comme dans les médicaments par les nombres impairs.

ARGAN.

Jusqu'au revoir, monsieur.

## SCÈNE X.

### BÉLINE, ARGAN.

BÉLINE.

Je viens, mon fils, avant que de sortir, vous donner avis d'une chose à laquelle il faut que vous preniez garde. En passant par devant la chambre d'Angélique, j'ai vu un jeune homme avec elle, qui s'est sauvé d'abord qu'il m'a vue.

ARGAN.

Un jeune homme avec ma fille?

BÉLINE.

Oui. Votre petite fille Louison était avec eux, qui pourra vous en dire des nouvelles.

ARGAN.

Envoyez-la ici, m'amour, envoyez-la ici. Ah! l'effrontée! (*seul*.) Je ne m'étonne plus de sa résistance.

## SCÈNE XI.

### ARGAN, LOUISON.

LOUISON.

Qu'est-ce que vous me voulez, mon papa? Ma belle maman m'a dit que vous me demandez.

ARGAN.

Oui, venez çà; avancez là. Tournez-vous. Levez les yeux. Regardez-moi. Hé?

LOUISON.
Quoi, mon papa?

ARGAN.
Là?

LOUISON.
Quoi?

ARGAN.
N'avez-vous rien à me dire?

LOUISON.
Je vous dirai, si vous voulez, pour vous désennuyer, le conte de peau-d'âne, ou bien la fable du corbeau et du renard, qu'on m'a apprise depuis peu.

ARGAN.
Ce n'est pas cela que je demande.

LOUISON.
Quoi donc?

ARGAN.
Ah! rusée, vous savez bien ce que je veux dire?

LOUISON.
Pardonnez-moi, mon papa.

ARGAN.
Est-ce là comme vous m'obéissez.

LOUISON.
Quoi?

ARGAN.
Ne vous ai-je pas recommandé de me venir dire d'abord tout ce que vous voyez?

LOUISON.
Oui, mon papa.

## ACTE II, SCÈNE XI.

ARGAN.

L'avez-vous fait ?

LOUISON.

Oui, mon papa. Je vous suis venue dire tout ce que j'ai vu.

ARGAN.

Et n'avez-vous rien vu aujourd'hui ?

LOUISON.

Non, mon papa.

ARGAN.

Non ?

LOUISON.

Non, mon papa.

ARGAN.

Assurément ?

LOUISON.

Assurément.

ARGAN.

Oh çà ! je m'en vais vous faire voir quelque chose, moi.

LOUISON, *voyant une poignée de verges qu'Argan a été prendre.*

Ah ! mon papa !

ARGAN.

Ah ! ah ! petite masque, vous ne me dites pas que vous avez vu un homme dans la chambre de votre sœur !

LOUISON, *pleurant.*

Mon papa !

ARGAN, *prenant Louison par le bras.*

Voici qui vous apprendra à mentir.

LOUISON, *se jetant à genoux.*

Ah! mon papa, je vous demande pardon. C'est que ma sœur m'avait dit de ne pas vous le dire; mais je m'en vais vous dire tout.

ARGAN.

Il faut, premièrement, que vous ayez le fouet pour avoir menti. Puis après nous verrons au reste.

LOUISON.

Pardon, mon papa.

ARGAN.

Non, non.

LOUISON.

Mon pauvre papa, ne me donnez pas le fouet.

ARGAN.

Vous l'aurez.

LOUISON.

Au nom de dieu, mon papa, que je ne l'aie pas!

ARGAN, *voulant la fouetter.*

Allons, allons.

LOUISON.

Ah! mon papa, vous m'avez blessée. Attendez, je suis morte.

(*Elle contrefait la morte.*)

ARGAN.

Holà! qu'est-ce là? Louison, Louison. Ah! mon dieu! Louison! Ah! ma fille! Ah! malheureux! ma pauvre fille est morte! Qu'ai-je fait, misérable?

## ACTE II, SCÈNE XI.

Ah! chiennes de verges! La peste soit des verges! Ah! ma pauvre fille! ma pauvre petite Louison!

LOUISON.

Là, là, mon papa, ne pleurez point tant : je ne suis pas morte tout-à-fait.

ARGAN.

Voyez-vous la petite rusée! Oh çà, çà, je vous pardonne pour cette fois-ci, pourvu que vous me disiez bien tout.

LOUISON.

Oh! oui, mon papa.

ARGAN.

Prenez-y bien garde au moins : car voilà un petit doigt, qui sait tout, qui me dira si vous mentez.

LOUISON.

Mais, mon papa, ne dites pas à ma sœur que je vous l'ai dit.

ARGAN.

Non, non.

LOUISON, *après avoir regardé si personne n'écoute.*

C'est, mon papa, qu'il est venu un homme dans la chambre de ma sœur comme j'y étais.

ARGAN.

Hé bien?

LOUISON.

Je lui ai demandé ce qu'il demandait, et il m'a dit qu'il était son maître à chanter.

ARGAN, *à part.*

Hom! hom! voilà l'affaire. (*à Louison.*) Hé bien?

LOUISON.
Ma sœur est venue après.

ARGAN.
Hé bien?

LOUISON.
Elle lui a dit, Sortez, sortez, sortez. Mon dieu! sortez; vous me mettez au désespoir.

ARGAN.
Hé bien?

LOUISON.
Et lui ne voulait pas sortir.

ARGAN.
Qu'est-ce qu'il lui disait?

LOUISON.
Il lui disait je ne sais combien de choses.

ARGAN.
Et quoi encore?

LOUISON.
Il lui disait tout-ci, tout-çà, qu'il l'aimait bien, et qu'elle était la plus belle du monde.

ARGAN.
Et puis après?

LOUISON.
Et puis après, il se mettait à genoux devant elle.

ARGAN.
Et puis après?

LOUISON.
Et puis après, il lui baisait les mains.

ARGAN.
Et puis après?

LOUISON.

Et puis après, ma belle maman est venue à la porte, et il s'est enfui.

ARGAN.

Il n'y a point autre chose.

LOUISON.

Non, mon papa.

ARGAN.

Voilà mon petit doigt pourtant qui gronde quelque chose. (*mettant son doigt à son oreille.*) Attendez. Hé! Ah! ah! Oui? Oh! oh! voilà mon petit doigt qui me dit quelque chose que vous avez vu et que vous ne m'avez pas dit.

LOUISON.

Ah! mon papa, votre petit doigt est un menteur.

ARGAN.

Prenez garde.

LOUISON.

Non, mon papa, ne le croyez pas; il ment, je vous assure.

ARGAN.

Oh bien! bien! nous verrons cela. Allez-vous-en, et prenez bien garde à tout; allez. (*seul.*) Ah! il n'y a plus d'enfants! Ah! que d'affaires! je n'ai pas seulement le loisir de songer à ma maladie. En vérité je n'en puis plus.

(*Il se laisse tomber dans sa chaise.*)

## SCÈNE XII.
### BÉRALDE, ARGAN.

BÉRALDE.

Hé bien! mon frère, qu'est-ce? Comment vous portez-vous?

ARGAN.

Ah! mon frère, fort mal.

BÉRALDE.

Comment fort mal?

ARGAN.

Oui. Je suis dans une faiblesse si grande, que cela n'est pas croyable.

BÉRALDE.

Voilà qui est fâcheux.

ARGAN.

Je n'ai pas seulement la force de pouvoir parler.

BÉRALDE.

J'étais venu ici, mon frère, vous proposer un parti pour ma nièce Angélique.

ARGAN, *parlant avec emportement, et se levant de sa chaise.*

Mon frère, ne me parlez point de cette coquine-là. C'est une friponne, une impertinente, une effrontée, que je mettrai dans un couvent, avant qu'il soit deux jours.

BÉRALDE.

Ah! voilà qui est bien! Je suis bien aise que la force vous revienne un peu, et que ma visite vous fasse du bien. Oh çà ! nous parlerons d'affaires tantôt. Je vous amène ici un divertissement que j'ai rencontré, qui dissipera votre chagrin, et vous rendra l'ame mieux disposée aux choses que nous avons à dire. Ce sont des Egyptiens vêtus en Maures, qui font des danses mêlées de chansons, où je suis sûr que vous prendrez plaisir; et cela vaudra bien une ordonnance de monsieur Purgon. Allons.

FIN DU SECOND ACTE.

# ACTE TROISIÈME.

## SCÈNE I.

### BÉRALDE, ARGAN, TOINETTE.

BÉRALDE.

Hé bien ! mon frère, qu'en dites-vous ? Cela ne vaut-il pas bien une prise de casse ?

TOINETTE.

Hom ! de bonne casse est bonne.

BÉRALDE.

Oh çà ! voulez-vous que nous parlions un peu ensemble ?

ARGAN.

Un peu de patience, mon frère ; je vais revenir.

TOINETTE.

Tenez, monsieur, vous ne songez pas que vous ne sauriez marcher sans bâton.

ARGAN.

Tu as raison.

## SCÈNE II.

### BÉRALDE, TOINETTE.

TOINETTE.

N'abandonnez pas, s'il vous plaît, les intérêts de votre nièce.

#### BÉRALDE.
J'emploierai toutes choses pour lui obtenir ce qu'elle souhaite.

#### TOINETTE.
Il faut absolument empêcher ce mariage extravagant qu'il s'est mis dans la fantaisie ; et j'avais songé en moi-même que c'aurait été une bonne affaire de pouvoir introduire ici un médecin à notre poste, pour le dégoûter de son monsieur Purgon, et lui décrier sa conduite. Mais comme nous n'avons personne en main pour cela, j'ai résolu de jouer un tour de ma tête.

#### BÉRALDE.
Comment ?

#### TOINETTE.
C'est une imagination burlesque. Cela sera peut-être plus heureux que sage. Laissez-moi faire. Agissez de votre côté. Voici notre homme.

## SCÈNE III.
### ARGAN, BÉRALDE.

#### BÉRALDE.
Vous voulez bien, mon frère, que je vous demande, avant toute chose, de ne vous point échauffer l'esprit dans notre conversation...

#### ARGAN.
Voilà qui est fait.

##### BÉRALDE.
De répondre sans nulle aigreur aux choses que je pourrai vous dire...

##### ARGAN.
Oui.

##### BÉRALDE.
Et de raisonner ensemble sur les affaires dont nous avons à parler, avec un esprit détaché de toute passion.

##### ARGAN.
Mon dieu ! oui. Voilà bien du préambule.

##### BÉRALDE.
D'où vient, mon frère, qu'ayant le bien que vous avez, et n'ayant d'enfants qu'une fille, car je ne compte pas la petite ; d'où vient, dis-je, que vous parlez de la mettre dans un couvent ?

##### ARGAN.
D'où vient, mon frère ? que je suis maître dans ma famille, pour faire ce que bon me semble.

##### BÉRALDE.
Votre femme ne manque pas de vous conseiller de vous défaire ainsi de vos deux filles ; et je ne doute point que, par un esprit de charité, elle ne fût ravie de les voir toutes deux bonnes religieuses.

##### ARGAN.
Oh çà, nous y voici. Voilà d'abord la pauvre femme en jeu : c'est elle qui fait tout le mal, et tout le monde lui en veut.

## ACTE III, SCÈNE III.

#### BÉRALDE.

Non, mon frère, laissons-la là : c'est une femme qui a les meilleures intentions du monde pour votre famille ; et qui est détachée de toute sorte d'intérêt ; qui a pour vous une tendresse merveilleuse, et qui montre pour vos enfants une affection et une bonté qui n'est pas concevable ; cela est certain. N'en parlons point, et revenons à votre fille. Sur quelle pensée, mon frère, la voulez-vous donner en mariage au fils d'un médecin ?

#### ARGAN.

Sur la pensée, mon frère, de me donner un gendre tel qu'il me faut.

#### BÉRALDE.

Ce n'est point là, mon frère, le fait de votre fille ; et il se présente un parti plus sortable pour elle.

#### ARGAN.

Oui ; mais celui-ci, mon frère, est plus sortable pour moi.

#### BÉRALDE.

Mais le mari qu'elle doit prendre doit-il être, mon frère, ou pour elle, ou pour vous ?

#### ARGAN.

Il doit être, mon frère, et pour elle et pour moi : et je veux mettre dans ma famille les gens dont j'ai besoin.

#### BÉRALDE.

Par cette raison-là, si votre petite était grande, vous lui donneriez en mariage un apothicaire.

ARGAN.

Pourquoi non?

BÉRALDE.

Est-il possible que vous serez toujours embéguiné de vos apothicaires et de vos médecins, et que vous vouliez être malade en dépit des gens et de la nature!

ARGAN.

Comment l'entendez-vous, mon frère?

BÉRALDE.

J'entends, mon frère, que je ne vois point d'homme qui soit moins malade que vous, et que je ne demanderais point une meilleure constitution que la vôtre. Une grande marque que vous vous portez bien, et que vous avez un corps parfaitement bien composé, c'est qu'avec tous les soins que vous avez pris, vous n'avez pu parvenir encore à gâter la bonté de votre tempérament, et que vous n'êtes point crevé de toutes les médecines qu'on vous a fait prendre.

ARGAN.

Mais savez-vous, mon frère, que c'est cela qui me conserve; et que monsieur Purgon dit que je succomberais, s'il était seulement trois jours sans prendre soin de moi?

BÉRALDE.

Si vous n'y prenez garde, il prendra tant de soin de vous qu'il vous enverra dans l'autre monde.

## ACTE III, SCÈNE III.

ARGAN.

Mais raisonnons un peu, mon frère. Vous ne croyez donc point à la médecine ?

BÉRALDE.

Non, mon frère ; et je ne vois pas que, pour son salut, il soit nécessaire d'y croire.

ARGAN.

Quoi ! vous ne tenez pas véritable une chose établie par tout le monde, et que tous les siècles ont révérée ?

BÉRALDE.

Bien loin de la tenir véritable, je la trouve, entre nous, une des plus grandes folies qui soient parmi les hommes ; et, à regarder les choses en philosophe, je ne vois point de plus plaisante momerie, je ne vois rien de plus ridicule, qu'un homme qui se veut mêler d'en guérir un autre.

ARGAN.

Pourquoi ne voulez-vous pas, mon frère, qu'un homme en puisse guérir un autre ?

BÉRALDE.

Par la raison, mon frère, que les ressorts de notre machine sont des mystères jusqu'ici où les hommes ne voient goutte, et que la nature nous a mis au-devant des yeux des voiles trop épais pour y connaître quelque chose.

ARGAN.

Les médecins ne savent donc rien, à votre compte ?

BÉRALDE.

Si fait, mon frère : ils savent la plupart de fort

belles humanités, savent parler en beau latin, savent nommer en grec toutes les maladies, les définir et les diviser; mais pour ce qui est de les guérir, c'est ce qu'ils ne savent point du tout.

ARGAN.

Mais toujours faut-il demeurer d'accord que, sur cette matière, les médecins en savent plus que les autres.

BÉRALDE.

Ils savent, mon frère, ce que je vous ai dit, qui ne guérit pas de grand'chose: et toute l'excellence de leur art consiste en un pompeux galimatias, en un spécieux babil, qui vous donne des mots pour des raisons, et des promesses pour des effets.

ARGAN.

Mais enfin, mon frère, il y a des gens aussi sages et aussi habiles que vous; et nous voyons que dans la maladie tout le monde a recours aux médecins.

BÉRALDE.

C'est une marque de la faiblesse humaine, et non pas de la vérité de leur art.

ARGAN.

Mais il faut bien que les médecins croient leur art véritable, puisqu'ils s'en servent pour eux-mêmes.

BÉRALDE.

C'est qu'il y en a parmi eux qui sont eux-mêmes dans l'erreur populaire, dont ils profitent, et d'autres qui en profitent sans y être. Votre monsieur

Purgon, par exemple, n'y fait point de finesse : c'est un homme tout médecin depuis la tête jusqu'aux pieds ; un homme qui croit à ses règles plus qu'à toutes les démonstrations des mathématiques, et qui croirait du crime à les vouloir examiner ; qui ne voit rien d'obscur dans la médecine, rien de douteux, rien de difficile ; et qui, avec une impétuosité de prévention, une roideur de confiance, une brutalité de sens commun et de raison, donne au travers des purgations et des saignées, et ne balance aucune chose. Il ne lui faut point vouloir mal de tout ce qu'il pourra vous faire, c'est de la meilleure foi du monde qu'il vous expédiera ; et il ne fera, en vous tuant, que ce qu'il a fait à sa femme et à ses enfants, et ce qu'en un besoin il ferait à lui-même.

ARGAN.

C'est que vous avez, mon frère, une dent de lait contre lui. Mais enfin venons au fait. Que faire donc quand on est malade ?

BÉRALDE.

Rien, mon frère.

ARGAN.

Rien ?

BÉRALDE.

Rien. Il ne faut que demeurer en repos. La nature d'elle-même, quand nous la laissons faire, se tire doucement du désordre où elle est tombée. C'est notre inquiétude, c'est notre impatience qui gâte

tout; et presque tous les hommes meurent de leu[r]
remèdes et non pas de leurs maladies.

ARGAN.

Mais il faut demeurer d'accord, mon frère, qu['on]
peut aider cette nature par de certaines choses.

BÉRALDE.

Mon dieu! mon frère, ce sont pures idées do[nt]
nous aimons à nous repaître; et de tout temps
s'est glissé parmi les hommes de belles imagin[a]
tions, que nous venons à croire parce qu'elles no[us]
flattent, et qu'il serait à souhaiter qu'elles fusse[nt]
véritables. Lorsqu'un médecin vous parle d'aide[r,]
de secourir, de soulager la nature, de lui ôter [ce]
qui lui nuit et lui donner ce qui lui manque, de [la]
rétablir et de la remettre dans une pleine facili[té]
de ses fonctions; lorsqu'il vous parle de rectifier [le]
sang, de tempérer les entrailles et le cerveau, [de]
dégonfler la rate, de raccommoder la poitrine, [de]
réparer le foie, de fortifier le cœur, de rétablir [et]
conserver la chaleur naturelle, et d'avoir des secre[ts]
pour étendre la vie à de longues années; il vous d[it]
justement le roman de la médecine. Mais quan[d]
vous en venez à la vérité et à l'expérience, vo[us]
ne trouvez rien de tout cela; et il en est comme [de]
ces beaux songes qui ne vous laissent au réveil q[ue]
le déplaisir de les avoir crus.

ARGAN.

C'est-à-dire que toute la science du monde [est]
renfermée dans votre tête; et vous voulez en savo[ir]
plus que tous les grands médecins de notre siècle[.]

## ACTE III, SCÈNE III.

BÉRALDE.

Dans les discours et dans les choses, ce sont deux sortes de personnes que vos grands médecins : entendez-les parler; les plus habiles gens du monde : voyez-les faire; les plus ignorants de tous les hommes.

ARGAN.

Ouais! vous êtes un grand docteur, à ce que je vois; et je voudrais bien qu'il y eût ici quelqu'un de ces messieurs, pour rembarrer vos raisonnements, et rabaisser votre caquet.

BÉRALDE.

Moi, mon frère, je ne prends point à tâche de combattre la médecine; et chacun, à ses péril et fortune, peut croire tout ce qu'il lui plaît. Ce que j'en dis n'est qu'entre nous; et j'aurais souhaité de pouvoir un peu vous tirer de l'erreur où vous êtes, et, pour vous divertir, vous mener voir sur ce chapitre quelqu'une des comédies de Molière.

ARGAN.

C'est un bon impertinent que votre Molière, avec ses comédies; et je le trouve bien plaisant d'aller jouer d'honnêtes gens comme les médecins!

BÉRALDE.

Ce ne sont point les médecins qu'il joue, mais le ridicule de la médecine.

ARGAN.

C'est bien à lui à faire de se mêler de contrôler la médecine! Voilà un bon nigaud, un bon impertinent, de se moquer des consultations et des ordonnances, de s'attaquer au corps des médecins, et d'aller mettre sur son théâtre des personnes vénérables comme ces messieurs-là !

BÉRALDE.

Que voulez-vous qu'il y mette que des diverses professions des hommes ? On y met bien tous les jours les princes et les rois, qui sont d'aussi bonne maison que les médecins.

ARGAN.

Par la mort non de diable ! si j'étais que des médecins, je me vengerais de son impertinence ; et quand il sera malade, je le laisserais mourir sans secours. Il aurait beau faire et beau dire, je ne lui ordonnerais pas la moindre petite saignée, le moindre petit lavement ; et je lui dirais, Crève, crève ; cela t'apprendra une autre fois à te jouer à la faculté.

BÉRALDE.

Vous voilà bien en colère contre lui.

ARGAN.

Oui, c'est un mal avisé ; et si les médecins sont sages, ils feront ce que je dis.

BÉRALDE.

Il sera encore plus sage que vos médecins, car il ne leur demandera point de secours.

ARGAN.

Tant pis pour lui, s'il n'a point recours aux remèdes.

BÉRALDE.

Il a ses raisons pour n'en point vouloir, et il

## ACTE III, SCÈNE IV.

soutient que cela n'est permis qu'aux gens vigoureux et robustes, et qui ont des forces de reste pour porter les remèdes avec la maladie; mais que, pour lui, il n'a justement de la force que pour porter son mal.

ARGAN.

Les sottes raisons que voilà! Tenez, mon frère, ne parlons point de cet homme-là davantage, car cela m'échauffe la bile, et vous me donneriez mon mal.

BÉRALDE.

Je le veux bien, mon frère : et pour changer de discours, je vous dirai que, sur une petite répugnance que vous témoigne votre fille, vous ne devez point prendre les résolutions violentes de la mettre dans un couvent; que pour le choix d'un gendre il ne vous faut pas suivre aveuglément la passion qui vous emporte; et qu'on doit, sur cette matière, s'accommoder un peu à l'inclination d'une fille, puisque c'est pour toute la vie, et que delà dépend tout le bonheur d'un mariage.

## SCÈNE IV.

MONSIEUR FLEURANT, *une seringue à la main;* ARGAN, BÉRALDE.

ARGAN.

Ah! mon frère, avec votre permission.

BÉRALDE.

Comment! que voulez-vous faire?

### ARGAN.

Prendre ce petit lavement-là, ce sera bientôt fait.

### BÉRALDE.

Vous vous moquez : est-ce que vous ne sauriez être un moment sans lavement ou sans médecine ? Remettez cela à une autre fois, et demeurez un peu en repos.

### ARGAN.

Monsieur Fleurant, à ce soir, ou à demain au matin.

### M. FLEURANT, *à Béralde.*

De quoi vous mêlez-vous de vous opposer aux ordonnances de la médecine, et d'empêcher monsieur de prendre mon clystère ? Vous êtes bien plaisant d'avoir cette hardiesse-là !

### BÉRALDE.

Allez, monsieur, on voit bien que vous n'avez pas accoutumé de parler à des visages.

### M. FLEURANT.

On ne doit point ainsi se jouer des remèdes, et me faire perdre mon temps. Je ne suis venu ici que sur une bonne ordonnance ; et je vais dire à monsieur Purgon comme on m'a empêché d'exécuter ses ordres, et de faire ma fonction. Vous verrez, vous verrez.

## SCÈNE V.

### ARGAN, BÉRALDE.

ARGAN.

Mon frère, vous serez cause ici de quelque malheur.

BÉRALDE.

Le grand malheur de ne pas prendre un lavement que monsieur Purgon a ordonné! Encore un coup, mon frère, est-il possible qu'il n'y ait pas moyen de vous guérir de la maladie des médecins, et que vous vouliez être toute votre vie enseveli dans leurs remèdes!

ARGAN.

Mon dieu! mon frère, vous en parlez comme un homme qui se porte bien : mais si vous étiez à ma place, vous changeriez bien de langage. Il est aisé de parler contre la médecine quand on est en pleine santé.

BÉRALDE.

Mais quel mal avez-vous?

ARGAN.

Vous me feriez enrager! Je voudrais que vous l'eussiez, mon mal, pour voir si vous jaseriez tant. Ah! voici monsieur Purgon.

## SCÈNE VI.

#### MONSIEUR PURGON, ARGAN, BÉRALDE, TOINETTE.

###### M. PURGON.

Je viens d'apprendre là-bas à la porte de jolies nouvelles ; qu'on se moque ici de mes ordonnances, et qu'on a fait refus de prendre le remède que j'avais prescrit.

###### ARGAN.

Monsieur, ce n'est pas...

###### M. PURGON.

Voilà une hardiesse bien grande, une étrange rebellion d'un malade contre son médecin !

###### TOINETTE.

Cela est épouvantable.

###### M. PURGON.

Un clystère que j'avais pris plaisir à composer moi-même,

###### ARGAN.

Ce n'est pas moi...

###### M. PURGON.

Inventé et formé dans toutes les règles de l'art,

###### TOINETTE.

Il a tort.

###### M. PURGON.

Et qui devait faire dans des entrailles un effet merveilleux ;

ACTE III, SCÈNE VI.

ARGAN.

Mon frère...

M. PURGON.

Le renvoyer avec mépris,

ARGAN, *montrant Béralde.*

C'est lui...

M. PURGON.

C'est une action exorbitante,

TOINETTE.

Cela est vrai.

M. PURGON.

Un attentat énorme contre la médecine,

ARGAN, *montrant Béralde.*

Il est cause...

M. PURGON.

Un crime de lèze-faculté, qui ne se peut assez punir.

TOINETTE.

Vous avez raison.

M. PURGON.

Je vous déclare que je romps commerce avec vous;

ARGAN.

C'est mon frère...

M. PURGON.

Que je ne veux plus d'alliance avec vous;

TOINETTE.

Vous ferez bien.

M. PURGON.

Et que, pour finir toute liaison avec vous, voilà

la donation que je faisais à mon neveu en faveur du mariage.

ARGAN.

C'est mon frère qui a fait tout le mal.

M. PURGON.

Mépriser mon clystère!

ARGAN.

Faites-le venir, je m'en vais le prendre.

M. PURGON.

Je vous aurais tiré d'affaire avant qu'il fût peu.

TOINETTE.

Il ne le mérite pas.

M. PURGON.

J'allais nettoyer votre corps et en évacuer entièrement les mauvaises humeurs;

ARGAN.

Ah! mon frère!

M. PURGON.

Et je ne voulais plus qu'une douzaine de médecines pour vider le fond du sac.

TOINETTE.

Il est indigne de vos soins.

M. PURGON.

Mais puisque vous n'avez pas voulu guérir par mes mains,

ARGAN.

Ce n'est pas ma faute.

M. PURGON.

Puisque vous vous êtes soustrait de l'obéissance que l'on doit à son médecin,

## ACTE III, SCÈNE VI.

TOINETTE.

Cela crie vengeance.

M. PURGON.

Puisque vous vous êtes déclaré rebelle aux remèdes que je vous ordonnais,

ARGAN.

Hé! point du tout.

M. PURGON.

J'ai à vous dire que je vous abandonne à votre mauvaise constitution, à l'intempérie de vos entrailles, à la corruption de votre sang, à l'âcreté de votre bile, et à la féculence de vos humeurs.

TOINETTE.

C'est fort bien fait.

ARGAN.

Mon dieu!

M. PURGON.

Et je veux qu'avant qu'il soit quatre jours vous deveniez dans un état incurable;

ARGAN.

Ah! miséricorde!

M. PURGON.

Que vous tombiez dans la bradypepsie,

ARGAN.

Monsieur Purgon!

M. PURGON.

De la bradypepsie dans la dyspepsie,

ARGAN.

Monsieur Purgon!

M. PURGON.

De la dyspepsie dans l'apepsie,

ARGAN.

Monsieur Purgon !

M. PURGON.

De l'apepsie dans la lienterie,

ARGAN.

Monsieur Purgon !

M. PURGON.

De la lienterie dans la dyssenterie,

ARGAN.

Monsieur Purgon !

M. PURGON.

De la dyssenterie dans l'hydropisie,

ARGAN.

Monsieur Purgon !

M. PURGON.

Et de l'hydropisie dans la privation de la vie, où vous aura conduit votre folie.

## SCÈNE VII.

### ARGAN, BÉRALDE.

ARGAN.

Ah ! mon dieu ! je suis mort ! Mon frere ! vous m'avez perdu !

BÉRALDE.

Quoi ? qu'y a-t-il ?

## ACTE III, SCÈNE VII.

ARGAN.

Je n'en puis plus. Je sens que déjà la médecine se venge.

BÉRALDE.

Ma foi, mon frère, vous êtes fou; et je ne voudrais pas pour beaucoup de choses qu'on vous vît faire ce que vous faites. Tâtez-vous un peu, je vous prie; revenez à vous-même, et ne donnez point tant à votre imagination.

ARGAN.

Vous voyez, mon frère, les étranges maladies dont il m'a menacé.

BÉRALDE.

Le simple homme que vous êtes !

ARGAN.

Il dit que je deviendrai incurable avant qu'il soit quatre jours.

BÉRALDE.

Et ce qu'il dit, que fait-il à la chose ? Est-ce un oracle qui a parlé ? Il semble, à vous entendre, que monsieur Purgon tienne dans ses mains le filet de vos jours, et que, d'autorité suprême, il vous l'alonge et vous le raccourcisse comme il lui plaît. Songez que les principes de votre vie sont en vous-même, et que le courroux de monsieur Purgon est aussi peu capable de vous faire mourir, que ses remèdes de vous faire vivre. Voici une aventure, si vous voulez, à vous défaire des médecins; ou, si vous êtes né à ne pouvoir vous en passer, il est aisé d'en avoir un autre, avec lequel, mon frère, vous puissiez courir un peu moins de risque.

ARGAN.

Ah! mon frère, il sait tout mon tempérament, et la manière dont il faut me gouverner.

BÉRALDE.

Il faut avouer que vous êtes un homme d'une grande prévention, et que vous voyez les choses avec d'étranges yeux.

## SCÈNE VIII.

### ARGAN, BÉRALDE, TOINETTE.

TOINETTE, *à Argan.*

Monsieur, voilà un médecin qui demande à vous voir.

ARGAN.

Et quel médecin?

TOINETTE.

Un médecin de la médecine.

ARGAN.

Je te demande qui il est.

TOINETTE.

Je ne le connais pas, mais il me ressemble comme deux gouttes d'eau; et si je n'étais sûre que ma mère était honnête femme, je dirais que ce serait quelque petit frère qu'elle m'aurait donné depuis le trépas de mon père.

ARGAN.

Fais-le venir.

## SCÈNE IX.

### ARGAN, BÉRALDE.

BÉRALDE.

Vous êtes servi à souhait; un médecin vous quitte, un autre se présente.

ARGAN.

J'ai bien peur que vous ne soyez cause de quelque malheur.

BÉRALDE.

Encore! Vous en revenez toujours là.

ARGAN.

Voyez-vous; j'ai sur le cœur toutes ces maladies-là que je ne connais point, ces...

## SCÈNE X.

### ARGAN, BÉRALDE; TOINETTE,
*en médecin.*

TOINETTE.

Monsieur, agréez que je vienne vous rendre visite, et vous offrir mes petits services pour toutes les saignées et les purgations dont vous aurez besoin.

ARGAN.

Monsieur, je vous suis fort obligé. (*à Béralde.*) Par ma foi, voilà Toinette elle-même.

TOINETTE.

Monsieur, je vous prie de m'excuser, j'ai oublié

de donner une commission à mon valet; je reviens tout-à-l'heure.

## SCÈNE XI.

### ARGAN, BÉRALDE.

#### ARGAN.

Hé! ne diriez-vous pas que c'est effectivement Toinette?

#### BÉRALDE.

Il est vrai que la ressemblance est tout-à-fait grande. Mais ce n'est pas la première fois qu'on a vu de ces sortes de choses, et les histoires ne sont pleines que de ces jeux de la nature.

#### ARGAN.

Pour moi, j'en suis surpris; et...

## SCÈNE XII.

### ARGAN, BÉRALDE, TOINETTE.

#### TOINETTE.

Que voulez-vous, monsieur?

#### ARGAN.

Comment?

#### TOINETTE.

Ne m'avez vous pas appelée?

#### ARGAN.

Moi? non.

#### TOINETTE.

Il faut donc que les oreilles m'aient corné.

ACTE III, SCÈNE XIV.
#### ARGAN.
Demeure un peu ici pour voir comme ce médecin te ressemble.
#### TOINETTE.
Oui, vraiment! j'ai affaire là-bas, et je l'ai assez vu.

## SCÈNE XIII.

### ARGAN, BÉRALDE.

#### ARGAN.
Si je ne les voyais tous deux, je croirais que ce n'est qu'un.
#### BÉRALDE.
J'ai lu des choses surprenantes de ces sortes de ressemblances : et nous en avons vu, de notre temps, où tout le monde s'est trompé.
#### ARGAN.
Pour moi, j'aurais été trompé à celle-là ; et j'aurais juré que c'est la même personne.

## SCÈNE XIV.

### ARGAN, BÉRALDE; TOINETTE,
*en médecin.*

#### TOINETTE.
Monsieur, je vous demande pardon de tout mon cœur.
#### ARGAN, *bas, à Béralde.*
Cela est admirable.

#### TOINETTE.

Vous ne trouverez pas mauvais, s'il vous plaît, la curiosité que j'ai eue de voir un illustre malade comme vous êtes; et votre réputation, qui s'étend par-tout, peut excuser la liberté que j'ai prise.

#### ARGAN.

Monsieur, je suis votre serviteur.

#### TOINETTE.

Je vois, monsieur, que vous me regardez fixement. Quel âge croyez-vous bien que j'aie?

#### ARGAN.

Je crois que tout au plus vous pouvez avoir vingt-six ou vingt-sept ans.

#### TOINETTE.

Ah! ah! ah! ah! ah! J'en ai quatre-vingt-dix.

#### ARGAN.

Quatre-vingt-dix!

#### TOINETTE.

Oui. Vous voyez un effet des secrets de mon art, de me conserver ainsi frais et vigoureux.

#### ARGAN.

Par ma foi, voilà un beau jeune vieillard pour quatre-vingt-dix ans.

#### TOINETTE.

Je suis médecin passager qui vais de ville en ville, de province en province, de royaume en royaume, pour chercher d'illustres matières à ma capacité, pour trouver des malades dignes de m'occuper, capables d'exercer les grands et beaux secrets que j'ai trouvés dans la médecine. Je dédaigne de m'amuser à ce menu fatras de maladies ordinaires, à ces bagatelles de rhumatismes et de fluxions, à ces fiévrotes, à ces vapeurs et à ces migraines. Je veux des maladies d'importance, de bonnes fièvres continues avec des transports au cerveau, de bonnes fièvres pourprées, de bonnes pestes, de bonnes hydropisies formées, de bonnes pleurésies avec des inflammations de poitrine ; c'est là que je me plais, c'est là que je triomphe ; et je voudrais, monsieur, que vous eussiez toutes les maladies que je viens de dire, que vous fussiez abandonné de tous les médecins, désespéré, à l'agonie, pour vous montrer l'excellence de mes remèdes, et l'envie que j'aurais de vous rendre service.

ARGAN.

Je vous suis obligé, monsieur, des bontés que vous avez pour moi.

TOINETTE.

Donnez-moi votre pouls. Allons donc, que l'on batte comme il faut. Ah ! je vous ferai bien aller comme vous devez. Ouais ! ce pouls-là fait l'impertinent. Je vois bien que vous ne me connaissez pas encore. Qui est votre médecin ?

ARGAN.

Monsieur Purgon.

TOINETTE.

Cet homme-là n'est point écrit sur mes tablettes entre les grands médecins. De quoi dit-il que vous êtes malade ?

### ARGAN.

Il dit que c'est du foie, et d'autres disent que c'est de la rate.

### TOINETTE.

Ce sont tous des ignorants ; c'est du poumon que vous êtes malade.

### ARGAN.

Du poumon ?

### TOINETTE.

Oui. Que sentez-vous ?

### ARGAN.

Je sens de temps en temps des douleurs de tête.

### TOINETTE.

Justement, le poumon.

### ARGAN.

Il me semble par fois que j'ai un voile devant les yeux.

### TOINETTE.

Le poumon.

### ARGAN.

J'ai quelquefois des maux de cœur.

### TOINETTE.

Le poumon.

### ARGAN.

Je sens par fois des lassitudes par tous les membres.

### TOINETTE.

Le poumon.

## ACTE III, SCÈNE XIV.

ARGAN.

Et quelquefois il me prend des douleurs dans le ventre, comme si c'était des coliques.

TOINETTE.

Le poumon. Vous avez appétit à ce que vous mangez ?

ARGAN.

Oui, monsieur.

TOINETTE.

Le poumon. Vous aimez à boire un peu de vin ?

ARGAN.

Oui, monsieur.

TOINETTE.

Le poumon. Il vous prend un petit sommeil après le repas, et vous êtes bien aise de dormir?

ARGAN.

Oui, monsieur.

TOINETTE.

Le poumon, le poumon, vous dis-je. Que vous ordonne votre médecin pour votre nourriture ?

ARGAN.

Il m'ordonne du potage,

TOINETTE.

Ignorant !

ARGAN.

De la volaille,

TOINETTE.

Ignorant !

ARGAN.

Du veau,

## TOINETTE.

Ignorant !

## ARGAN.

Des bouillons,

## TOINETTE.

Ignorant !

## ARGAN.

Des œufs frais,

## TOINETTE.

Ignorant !

## ARGAN.

Et le soir de petits pruneaux pour lâcher le ventre;

## TOINETTE.

Ignorant !

## ARGAN.

Et sur-tout de boire mon vin fort trempé.

## TOINETTE.

*Ignorantus, ignoranta, ignorantum !* Il faut boire votre vin pur; et pour épaissir votre sang qui est trop subtil, il faut manger de bon gros bœuf, de bon gros porc, de bon fromage de Hollande, du gruau et du riz, et des marrons et des oublies, pour coller et conglutiner. Votre médecin est une bête. Je veux vous en envoyer un de ma main, et je viendrai vous voir de temps en temps, tandis que je serai en cette ville.

## ARGAN.

Vous m'obligerez beaucoup.

## TOINETTE.

Que diantre faites-vous de ce bras-là ?

## ACTE III, SCÈNE XIV.

ARGAN.

Comment?

TOINETTE.

Voilà un bras que je me ferais couper tout-à-l'heure, si j'étais que de vous.

ARGAN.

Et pourquoi?

TOINETTE.

Ne voyez-vous pas qu'il tire à soi toute la nourriture, et qu'il empêche ce côté-là de profiter?

ARGAN.

Oui; mais j'ai besoin de mon bras.

TOINETTE.

Vous avez là aussi un œil droit que je me ferais crever, si j'étais en votre place.

ARGAN.

Crever un œil?

TOINETTE.

Ne voyez-vous pas qu'il incommode l'autre, et lui dérobe sa nourriture? Croyez-moi, faites-vous le crever au plutôt, vous en verrez plus clair de l'œil gauche.

ARGAN.

Cela n'est pas pressé.

TOINETTE.

Adieu. Je suis fâché de vous quitter sitôt; mais il faut que je me trouve à une grande consultation qui se doit faire pour un homme qui mourut hier.

ARGAN.

Pour un homme qui mourut hier?

TOINETTE.

Oui, pour aviser et voir ce qu'il aurait fallu lui faire pour le guérir. Jusqu'au revoir.

ARGAN.

Vous savez que les malades ne reconduisent point.

## SCÈNE XV.

### ARGAN, BÉRALDE.

BÉRALDE.

Voilà un médecin, vraiment, qui paraît fort habile.

ARGAN.

Oui; mais il va un peu bien vîte.

BÉRALDE.

Tous les grands médecins sont comme cela.

ARGAN.

Me couper un bras et me crever un œil, afin que l'autre se porte mieux! J'aime bien mieux qu'il ne se porte pas si bien. La belle opération de me rendre borgne et manchot!

## SCÈNE XVI.

### ARGAN, BÉRALDE, TOINETTE.

TOINETTE, *feignant de parler à quelqu'un.*

Allons, allons, je suis votre servante. Je n'ai pas envie de rire.

## ACTE III, SCÈNE XVI.

ARGAN.

Qu'est-ce que c'est ?

TOINETTE.

Votre médecin, ma foi, qui me voulait tâter le pouls.

ARGAN.

Voyez un peu, à l'âge de quatre-vingt-dix ans !

BÉRALDE.

Oh çà, mon frère, puisque voilà votre monsieur Purgon brouillé avec vous, ne voulez-vous pas bien que je vous parle du parti qui s'offre pour ma nièce ?

ARGAN.

Non, mon frère ; je veux la mettre dans un couvent, puisqu'elle s'est opposée à mes volontés. Je vois bien qu'il y a quelque amourette là-dessous ; et j'ai découvert certaine entrevue secrète qu'on ne sait pas que j'ai découverte.

BÉRALDE.

Hé bien, mon frère, quand il y aurait quelque petite inclination, cela serait-il criminel ? et rien peut-il vous offenser, quand tout ne va qu'à des choses honnêtes, comme le mariage ?

ARGAN.

Quoi qu'il en soit, mon frère, elle sera religieuse, c'est une chose résolue.

BÉRALDE.

Vous voulez faire plaisir à quelqu'un.

ARGAN.

Je vous entends. Vous en revenez toujours là, et ma femme vous tient au cœur.

###### BÉRALDE.

Hé bien! oui, mon frère, puisqu'il faut parler à cœur ouvert; c'est votre femme que je veux dire; et, non plus que l'entêtement de la médecine, je ne puis vous souffrir l'entêtement où vous êtes pour elle, et voir que vous donniez tête baissée dans tous les piéges qu'elle vous tend.

###### TOINETTE.

Ah! monsieur, ne parlez point de madame : c'est une femme sur laquelle il n'y a rien à dire, une femme sans artifice, et qui aime monsieur, qui l'aime.... On ne peut pas dire cela.

###### ARGAN.

Demandez-lui un peu les caresses qu'elle me fait.

###### TOINETTE.

Cela est vrai.

###### ARGAN.

L'inquiétude que lui donne ma maladie;

###### TOINETTE.

Assurément.

###### ARGAN.

Et les soins et les peines qu'elle prend autour de moi.

###### TOINETTE.

Il est certain. (*à Béralde.*) Voulez-vous que je vous convainque, et vous fasse voir tout-à-l'heure comme madame aime monsieur? (*à Argan.*) Monsieur, souffrez que je lui montre son béjaune, et le tire d'erreur.

### ARGAN.

Comment?

### TOINETTE.

Madame s'en va revenir : mettez-vous tout étendu dans cette chaise, et contrefaites le mort ; vous verrez la douleur où elle sera quand je lui dirai la nouvelle.

### ARGAN.

Je le veux bien.

### TOINETTE.

Oui ; mais ne la laissez pas long-temps dans le désespoir, car elle en pourrait bien mourir.

### ARGAN.

Laisse-moi faire.

### TOINETTE, *à Béralde*.

Cachez-vous, vous, dans ce coin-là.

## SCÈNE XVII.

### ARGAN, TOINETTE.

### ARGAN.

N'y a-t-il point quelque danger à contrefaire le mort?

### TOINETTE.

Non, non. Quel danger y aurait-il? Etendez-vous là seulement. Il y aura plaisir à confondre votre frère. Voici madame. Tenez-vous bien.

## SCÈNE XVIII.

BÉLINE; ARGAN, *étendu dans sa chaise;* TOINETTE.

TOINETTE, *feignant de ne pas voir Béline.*
Ah! mon dieu! Ah! malheur! Quel étrange accident!

BÉLINE.
Qu'est-ce, Toinette?

TOINETTE.
Ah! madame!

BÉLINE.
Qu'y a-t-il?

TOINETTE.
Votre mari est mort.

BÉLINE.
Mon mari est mort?

TOINETTE.
Hélas! oui, le pauvre défunt est trépassé.

BÉLINE.
Assurément?

TOINETTE.
Assurément. Personne ne sait encore cet accident-là; et je me suis trouvée ici toute seule. Il vient de passer entre mes bras. Tenez, le voilà tout de son long dans cette chaise.

BÉLINE.
Le ciel en soit loué! Me voilà délivrée d'un grand

fardeau ! Que tu es sotte, Toinette, de t'affliger de cette mort ?

TOINETTE.

Je pensais, madame, qu'il fallût pleurer.

BÉLINE.

Va, va, cela n'en vaut pas la peine. Quelle perte est-ce que la sienne ? et de quoi servait-il sur la terre ? Un homme incommode à tout le monde, mal-propre, dégoûtant ; sans cesse un lavement ou une médecine dans le ventre ; mouchant, toussant, crachant toujours ; sans esprit, ennuyeux, de mauvaise humeur, fatiguant sans cesse les gens, et grondant jour et nuit servantes et valets.

TOINETTE.

Voilà une belle oraison funèbre !

BÉLINE.

Il faut, Toinette, que tu m'aides à exécuter mon dessein ; et tu peux croire qu'en me servant la récompense est sûre. Puisque, par un bonheur, personne n'est encore averti de la chose, portons-le dans son lit, et tenons cette mort cachée jusqu'à ce que j'aie fait mon affaire. Il y a des papiers, il y a de l'argent, dont je me veux saisir ; et il n'est pas juste que j'aie passé sans fruit, auprès de lui, mes plus belles années. Viens, Toinette, prenons auparavant toutes ses clefs.

ARGAN, *se levant brusquement.*

Doucement !

BÉLINE.

Ah !

### ARGAN.

Oui, madame ma femme, c'est ainsi que vous l'aimez!

### TOINETTE.

Ah! ah! le défunt n'est pas mort!

### ARGAN, *à Béline qui sort.*

Je suis bien aise de voir votre amitié, et d'avoir entendu le beau panégyrique que vous avez fait de moi. Voilà un avis au lecteur, qui me rendra sage à l'avenir, et qui m'empêchera de faire bien des choses.

## SCÈNE XIX.

BÉRALDE, *sortant de l'endroit où il s'était caché;* ARGAN, TOINETTE.

### BÉRALDE.

Hé bien! mon frère, vous le voyez.

### TOINETTE.

Par ma foi, je n'aurais jamais cru cela. Mais j'entends votre fille : remettez-vous comme vous étiez, et voyons de quelle manière elle recevra votre mort. C'est une chose qu'il n'est pas mauvais d'éprouver; et puisque vous êtes en train, vous connaîtrez par-là les sentiments que votre famille a pour vous.

(*Béralde va encore se cacher.*)

## SCÈNE XX.

### ARGAN, ANGÉLIQUE, TOINETTE.

TOINETTE, *feignant de ne pas voir Angélique.*

O ciel! ah! fâcheuse aventure! malheureuse journée!

ANGÉLIQUE.

Qu'as-tu, Toinette? et de quoi pleures-tu?

TOINETTE.

Hélas! j'ai de tristes nouvelles à vous donner.

ANGÉLIQUE.

Hé! quoi?

TOINETTE.

Votre père est mort.

ANGÉLIQUE.

Mon père est mort, Toinette!

TOINETTE.

Oui. Vous le voyez là, il vient de mourir tout-à-l'heure d'une faiblesse qui lui a pris.

ANGÉLIQUE.

O ciel! quelle infortune! quelle atteinte cruelle! Hélas! faut-il que je perde mon père, la seule chose qui me restait au monde, et qu'encore, pour un surcroît de désespoir, je le perde dans un moment où il était irrité contre moi! que deviendrai-je, malheureuse? et quelle consolation trouver après une si grande perte?

## SCÈNE XXI.

### ARGAN, ANGÉLIQUE, CLÉANTE, TOINETTE.

CLÉANTE.

Qu'avez-vous donc, belle Angélique? et quel malheur pleurez-vous?

ANGÉLIQUE.

Hélas! je pleure tout ce que dans la vie je pouvais perdre de plus cher et de plus précieux : je pleure la mort de mon père.

CLÉANTE.

O ciel! quel accident! quel coup inopiné! Hélas! après la demande que j'avais conjuré votre oncle de lui faire pour moi, je venais me présenter à lui, et tâcher, par mes respects et par mes prières, de disposer son cœur à vous accorder à mes vœux.

ANGÉLIQUE.

Ah! Cléante, ne parlons plus de rien. Laissons là toutes les pensées du mariage. Après la perte de mon père, je ne veux plus être du monde, et j'y renonce pour jamais. Oui, mon père, si j'ai résisté tantôt à vos volontés, je veux suivre du moins une de vos intentions, et réparer par-là le chagrin que je m'accuse de vous avoir donné. (*se jetant à ses genoux.*) Souffrez, mon père, que je vous en donne ici ma parole, et que je vous embrasse pour vous témoigner mon ressentiment.

ACTE III, SCÈNE XXII.

ARGAN, *embrassant Angélique.*

Ah! ma fille!

ANGÉLIQUE.

Ahi!

ARGAN.

Viens, n'aie point de peur, je ne suis pas mort. Va, tu es mon vrai sang, ma véritable fille, et je suis ravi d'avoir vu ton bon naturel.

## SCÈNE XXII.

ARGAN, BÉRALDE, ANGÉLIQUE, CLÉANTE, TOINETTE.

ANGÉLIQUE.

Ah! quelle surprise agréable! Mon père, puisque, par un bonheur extrême, le ciel vous redonne à mes vœux, souffrez qu'ici je me jette à vos pieds pour vous supplier d'une chose. Si vous n'êtes pas favorable au penchant de mon cœur, si vous me refusez Cléante pour époux, je vous conjure au moins de ne me point forcer d'en épouser un autre. C'est toute la grâce que je vous demande.

CLÉANTE, *se jetant aux genoux d'Argan.*

Hé! monsieur, laissez-vous toucher à ses prières et aux miennes; et ne vous montrez point contraire aux mutuels empressements d'une si belle inclination.

BÉRALDE.

Mon frère, pouvez-vous tenir là contre?

TOINETTE.

Monsieur, serez-vous insensible à tant d'amour?

ARGAN.

Qu'il se fasse médecin, je consens au mariage. Oui. (*à Cléante.*) Faites-vous médecin, je vous donne ma fille.

CLÉANTE.

Très-volontiers, monsieur. S'il ne tient qu'à cela pour être votre gendre, je me ferai médecin, apothicaire même, si vous voulez. Ce n'est pas une affaire que cela, et je me ferais bien d'autres choses pour obtenir la belle Angélique.

BÉRALDE.

Mais, mon frère, il me vient une pensée: faites-vous médecin vous-même. La commodité sera encore plus grande d'avoir en vous tout ce qu'il vous faut.

TOINETTE.

Cela est vrai. Voilà le vrai moyen de vous guérir bientôt; et il n'y a point de maladie si osée que de se jouer à la personne d'un médecin.

ARGAN.

Je pense, mon frère, que vous vous moquez de moi. Est-ce que je suis en âge d'étudier?

BÉRALDE.

Bon, étudier! vous êtes assez savant; et il y en a beaucoup parmi eux qui ne sont pas plus habiles que vous.

#### ARGAN.

Mais il faut savoir bien parler latin, connaître les maladies et les remèdes qu'il y faut faire.

#### BÉRALDE.

En recevant la robe et le bonnet de médecin, vous apprendrez tout cela; et vous serez après plus habile que vous ne voudrez.

#### ARGAN.

Quoi! l'on sait discourir sur les maladies quand on a cet habit-là?

#### BÉRALDE.

Oui. L'on n'a qu'à parler avec une robe et un bonnet, tout galimatias devient savant, et toute sottise devient raison.

#### TOINETTE.

Tenez, monsieur, quand il n'y aurait que votre barbe, c'est déja beaucoup; et la barbe fait plus de la moitié d'un médecin.

#### CLÉANTE.

En tout cas, je suis prêt à tout.

#### BÉRALDE, *à Argan.*

Voulez-vous que l'affaire se fasse tout-à-l'heure?

#### ARGAN.

Comment! tout-à-l'heure?

#### BÉRALDE.

Oui, et dans votre maison.

#### ARGAN.

Dans ma maison?

#### BÉRALDE.

Oui. Je connais une faculté de mes amis qui

viendra tout-à-l'heure en faire la cérémonie dans votre salle. Cela ne vous coûtera rien.

ARGAN.

Mais, moi, que dire? que répondre?

BÉRALDE.

On vous instruira en deux mots, et l'on vous donnera par écrit ce que vous devez dire. Allez-vous-en vous mettre en habit décent. Je vais les envoyer quérir.

ARGAN.

Allons, voyons cela.

## SCÈNE XXIII.

### BÉRALDE, ANGÉLIQUE, CLÉANTE, TOINETTE.

CLÉANTE.

Que voulez-vous dire? et qu'entendez-vous avec cette faculté de vos amies?

TOINETTE.

Quel est donc votre dessein?

BÉRALDE.

De nous divertir un peu ce soir. Les comédiens ont fait un petit intermède de la réception d'un médecin, avec des danses et de la musique; je veux que nous en prenions ensemble le divertissement, et que mon frère y fasse le premier personnage.

ANGÉLIQUE.

Mais, mon oncle, il me semble que vous vous jouez un peu beaucoup de mon père.

##### BÉRALDE.

Mais, ma nièce, ce n'est pas tant le jouer que s'accommoder à ses fantaisies. Tout ceci n'est qu'entre nous. Nous y pouvons aussi prendre chacun un personnage, et nous donner ainsi la comédie les uns aux autres. Le carnaval autorise cela. Allons vîte préparer toutes choses.

##### CLÉANTE, à Angélique.

Y consentez-vous ?

##### ANGÉLIQUE.

Oui, puisque mon oncle nous conduit.

FIN DU TROISIÈME ACTE.

# INTERMÈDE.

## PREMIÈRE ENTRÉE DE BALLET.

*Des tapissiers viennent, en dansant, préparer la salle et placer les bancs en cadence.*

## DEUXIÈME ENTRÉE DE BALLET.

*Marche de la Faculté de médecine au son des instruments.*

*Les porte-seringues, représentant les massiers, entrent les premiers. Après eux, viennent, deux à deux, les apothicaires avec des mortiers, les chirurgiens et les docteurs, qui vont se placer aux deux côtés du théâtre. Le président monte dans une chaire qui est au milieu; et Argan, qui doit être reçu docteur, se place dans une chaire plus petite, qui est au-devant de celle du président.*

LE PRÉSIDENT.

Savantissimi doctores
Medicinæ professores,
Qui hic assemblati estis,

## INTERMÈDE.

Et vos altri messiores,
Sententiarum facultatis
Fideles executores,
Chirurgiani et apothicari,
Atque tota compania aussi,
　Salus, honor, et argentum,
　Atque bonum appetitum.

　Non possum, docti confreri,
　En moi satis admirari
　Qualis bona inventio
　Est medici professio,
Quàm bella chosa est et bene trovata
　Medicina illa benedicta,
　Quæ, suo nomine solo,
　Surprenanti miraculo,
　Depuis si longo tempore,
　Facit à gogo vivere
　Tant de gens omni genere.

　Per totam terram videmus
　Grandam vogam ubi sumus,
　Et quòd grandes et petiti
　Sunt de nobis infatuti.
Totus mundus, currens ad nostros remedios,
　Nos regardat sicut deos,
　Et nostris ordonnanciis
Principes et reges soumissos videtis.

　Doncque il est nostræ sapientiæ,
　Boni sensûs atque prudentiæ,

De fortement travaillare
A nos bene conservare
In tali credito, voga, et honore,
Et prendere gardam à non recevere
In nostro docto corpore
Quàm personas capabiles,
Et totas dignas remplire
Has plaças honorabiles.

C'est pour cela que nunc convocati estis,
Et credo quòd trovabitis
Dignam matieram medici
In savanti homine que voici;
Lequel in chosis omnibus
Dono ad interrogandum,
Et à fond examinandum
Vestris capacitatibus.

PREMIER DOCTEUR.

Si mihi licentiam dat dominus præses,
Et tanti docti doctores,
Et assistantes illustres,
Très-savanti bacheliero
Quem estimo et honoro,
Domandabo causam et rationem quare
Opium facit dormire.

ARGAN.

Mihi a docto doctore
Domandatur causam et rationem quare
Opium facit dormire.
A quoi respondeo,
Quia est in eo

# INTERMÈDE.

Virtus dormitiva,
Cujus est natura
Sensus assoupire.

#### CHŒUR.

Bene, bene, bene, bene respondere!
Dignus, dignus est intrare
In nostro docto corpore.
Bene, bene respondere!

#### SECOND DOCTEUR.

Cum permissione domini præsidis,
Doctissimæ facultatis,
Et totius his nostris actis
Companiæ assistantis,
Domandabo tibi, docte bacheliere,
Quæ sunt remedia
Quæ in maladia
Dite hydropisia
Convenit facere.

#### ARGAN.

Clysterium donare,
Postea seignare,
Ensuita purgare.

#### CHŒUR.

Bene, bene, bene, bene repondere!
Dignus, dignus est intrare
In nostro docto corpore.

#### TROISIÈME DOCTEUR.

Si bonum semblatur domino præsidi,
Doctissimæ facultati,
Et companiæ præsenti,
Domandabo tibi, docte bacheliere,

Quæ remedia eticis,
Pulmonicis atque asmaticis,
Trovas à propos facere.

ARGAN.

Clysterium donare,
Postea seignare,
Ensuita purgare.

CHŒUR.

Bene, bene, bene, bene respondere!
Dignus, dignus est intrare
In nostro docto corpore.

QUATRIÈME DOCTEUR.

Super illas maladias
Doctus bachelierus dixit maravillas;
Mais si non ennuyo dominum præsidem,
Doctissimam facultatem,
Et totam honorabilem
Companiam ecoutantem,
Faciam illi unam quæstionem.
Dès hiero maladus unus
Tombavit in meas manus;
Habet grandam fievram cum redoublamentis,
Grandam dolorem capitis
Et grandum malum au côté,
Cum granda difficultate
Et pena à respirare.
Veillas mihi dire,
Docte bacheliere,
Quid illi facere?

ARGAN.

Clysterium donare,

Postea seignare,
Ensuita purgare.

##### CINQUIME DOCTEUR.

Mais si maladia
Opiniatria
Non vult se garire,
Quid illi facere?

##### ARGAN.

Clysterium donare,
Postea seignare,
Ensuita purgare;
Reseignare, repurgare, et reclysterisare.

##### CHŒUR.

Bene, bene, bene, bene respondere!
Dignus, dignus est intrare
In nostro docto corpore.

##### LE PRÉSIDENT, *à Argan.*

Juras gardare statuta
Per facultatem præscripta
Cum sensu et jugeamento?

##### ARGAN.

Juro.

##### LE PRÉSIDENT.

Essere in omnibus
Consultationibus
Ancieni aviso,
Aut bono,
Aut mauvaiso?

##### ARGAN.

Juro.

## LE PRÉSIDENT.

De non jamais te servire
De remediis aucunis
Quàm de ceux seulement doctæ facultatis,
Maladus dût-il crevare
Et mori de suo malo ?

## ARGAN.

Juro.

## LE PRÉSIDENT.

Ego, cum isto boneto
Venerabili et docto,
Dono tibi et concedo
Virtutem et puissanciam
 Medicandi,
  Purgandi,
  Seignandi,
  Perçandi,
  Taillandi,
  Coupandi,
 Et occidendi,
Impune per totam terram.

## TROISIÈME ENTRÉE DE BALLET.

*Les chirurgiens et les apothicaires viennent faire la révérence en cadence à Argan.*

## ARGAN.

Grandes doctores doctrinæ
De la rhubarbe et du séné,
Ce serait sans douta à moi chosa folla,
Inepta et ridicula,
Si j'alloibam m'engageare

## INTERMÈDE.

Vobis louangeas donare,
Et entreprenoibam adjoutare
 Des lumieras au soleilo,
 Et des étoilas au cielo,
 Des ondas à l'oceano,
 Et des rosas au printano.
Agreate qu'avec uno moto
 Pro toto remercimento,
Randam gratiam corpori tam docto.
 Vobis, vobis debeo
Bien plus qu'à naturæ et qu'à patri meo:
 Natura et pater meus
 Hominem me habent factum;
 Mais vos me, ce qui est bien plus,
 Avetis factum medicum:
 Honor, favor, et gratia,
 Qui in hoc corde que voilà
 Imprimant ressentimenta
 Qui dureront in secula.

### CHŒUR.

Vivat, vivat, vivat, vivat, cent fois vivat,
 Novus doctor qui tam bene parlat!
Mille, mille annis, et mangeat, et bibat,
 Et seignet, et tuat!

## QUATRIÈME ENTRÉE DE BALLET.

*Tous les chirurgiens et les apothicaires dansent au son des instruments et des voix, et des battements de mains et des mortiers d'apothicaires.*

### PREMIER CHIRURGIEN.

Puisse-t-il voir doctas

Suas ordonnancias
Omnium chirurgorum
Et apothicarum
Remplire boutiquas!

### CHŒUR.

Vivat, vivat, vivat, vivat, cent fois vivat,
Novus doctor qui tam bene parlat!
Mille, mille annis, et manget, et bibat,
Et seignet, et tuat!

### SECOND CHIRURGIEN.

Puissent toti anni
Lui essere boni
Et favorabiles,
Et n'habere jamais
Quàm pestas, verolas,
Fievras pleuresias,
Fluxus de sang, et dyssenterias!

### CHŒUR.

Vivat, vivat, vivat, vivat, cent fois vivat,
Novus doctor qui tam bene parlat!
Mille, mille annis, et manget, et bibat,
Et seignet, et tuat!

## CINQUIÈME ET DERNIÈRE ENTRÉE DE BALLET.

*Pendant que le dernier chœur se chante, les médecins, les chirurgiens et les apothicaires, sortent tous selon leur rang en cérémonie, comme ils sont entrés.*

FIN DU TOME SEPTIÈME.

# BIBLIOTHÈQUE PORTATIVE DU VOYAGEUR,

## OU

### COLLECTION DES MEILLEURS OUVRAGES EN VERS ET EN PROSE,

Format in-36, caractère mignonne, pap.-fin.

*A Paris*, chez TH. DESOER, libraire, rue Poupée, n°. 7, et rue de Richelieu, n°. 37;
*A Liége*, chez J. F. DESOER, imprimeur-libraire.

*Cette collection se compose des ouvrages suivants:*

### VERS.

| | |
|---|---|
| OEuvres de Molière, portrait | 7 vol. |
| Théâtre de Corneille, portrait | 5 vol. |
| Théâtre de Racine, port. | 4 vol. |
| Théâtre de Voltaire, port. | 5 vol. |
| OEuvres de Boileau, port. | 1 vol. |
| Fables de La Fontaine, port. | 2 vol. |
| Contes de La Fontaine | 2 vol. |
| La Pucelle d'Orléans, en vingt-un chants, par Voltaire | 1 vol. |
| OEuvres de Gresset, port. | 1 vol. |
| OEuvres de Bernis | 1 vol. |
| OEuvres de Bernard | 1 vol. |
| OEuvres de Vergier et Grécourt | 1 vol. |
| OEuvres de Piron, port. | 2 vol. |

## PROSE.

| | |
|---|---|
| Lettres à Emilie sur la Mythologie, par Demoustier, avec trois jolies gravures. | 3 vol. |
| Grandeur des Romains, par Montesquieu, port. | 1 vol. |
| Discours sur l'Histoire universelle, par Bossuet, port. | 3 vol. |
| Histoire de Gilblas de Santillane, par Lesage. | 5 vol. |
| Les Amours de Daphnis et Chloé, d'Abrocome et d'Anthia | 1 vol. |
| Histoire du Petit Jehan de Saintré et de Gérard de Nevers, par Tressan. | 1 vol. |
| Mémoires de Grammont. | 2 vol. |
| Télémaque (sous presse) | 2 vol. |
| Prix : chaque volume cartonné. | 1 fr. 25 c. |
| Relié en veau, doré sur tranche. | 2 fr. 50 c. |
| En maroquin. | 4 fr. 25 c. |

Les 49 vol., reliés en veau, dorés sur tranche, dans une boîte de format petit in-fol., très-bien reliée, et fermant avec un secret. . . . . . 150 fr.

Idem, reliés en maroquin, boîte en maroquin. . . . . . . . . . . . . . . . . . . . . . . . . . 250 fr.

On a tiré quelques exemplaires sur papier vélin, chaque volume cartonné . . . . . . . . . . . . . 3 fr.

*Nouveau Dictionnaire portatif de bibliographie*, seconde édition, revue et considérablement augmentée, par Franç. Ign. Fournier, Paris 1809;

un gros vol. in-8°., caractères petit texte et mignonne, 10 fr.

*Histoire de Russie et des principales nations de l'empire russe*, par Pierre-Charles Lévesque, membre de la Légion d'honneur et de l'Institut, professeur d'Histoire au collège de France; 4e. édition, revue et augmentée d'une vie inédite de Catherine II, par l'auteur, continuée jusqu'à la mort de Paul Ier., et publiée avec des notes par MM. Malte-Brun et Deppeing; Paris, 1812, 8 vol. in-8°. et atlas, in-4°. Prix: 50 fr.

*Etudes de l'Histoire ancienne et de celle de la Grèce*, par le même; Paris, 1811, 5 vol. in-8°., 27 f.

*Histoire de Gilblas de Santillane*, par Lesage, édition très-soignée, imprimée par Didot le jeune, 4 vol. in-8°. et ornés de 100 fig. dessinées et gravées par les meilleurs artistes. Prix, broché, sur beau carré fin d'Auvergne . . . . . . . . . . 30 fr.

Le même, sur carré superfin d'Angoulême, avec les premières épreuves. . . . . . . . . 40 fr.

*Le Roman comique de Scarron*, 3 vol. in-8°., de l'imprimerie de Didot jeune, édition ornée de figures dessinées par Lebarbier et gravées par les plus habiles artistes. On y a joint le portrait de Scarron, gravé d'après le portrait original. 12 fr.

Le même, grand raisin, fig. . . . . . . . . 15 fr.

Il y a quelques exemplaires imprimés sur grand raisin vélin, figures avant la lettre (édition magnifique). Prix, 60 fr.

*Collection complète des Tableaux historiques de la République française*, depuis la convocation de l'Assemblée des Notables, le 23 février 1787, jusqu'au 18 brumaire an 8; 3 vol. in-fol., pap. vélin, contenant 182 très-belles estampes et les portraits des 66 personnages qui ont le plus marqué dans la révolution. 450 fr.

*Lettres d'Héloïse et d'Abailard*, traduites en français avec le latin à côté; suivies des imitations de Pope en anglais, et de Colardeau en français; 3 vol. in-4°., pap. vélin d'Annonay, ornés de 8 fig. gravées sur les dessins de Moreau jeune. 160 fr.

Ce magnifique ouvrage, sorti des presses de M. Didot, n'a été tiré qu'à 250 exemplaires.

### SOUS PRESSE.

*Histoire de la Médecine*, depuis son origine jusqu'au dix-neuvième siècle; par Kurt Sprengel; traduite de l'allemand par A. J. L. Jourdan, et revue par M. Bosquillon; 7 vol. in-8°.